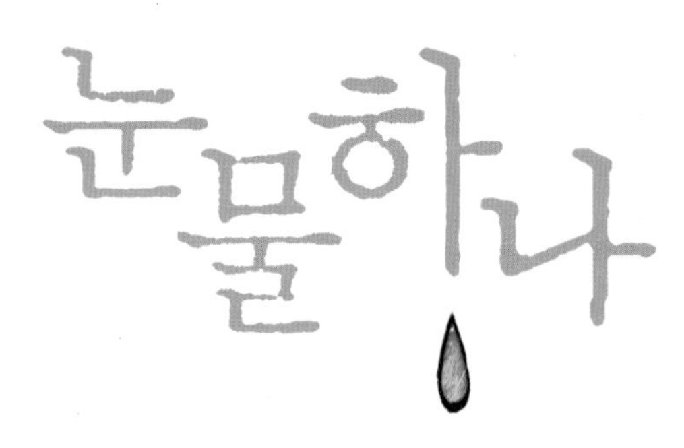

상담적 심리치료이야기

김순향 · 조한석 공저

머리말

심리치료자는 임상 실무에 대한 풍부한 경험과 이론뿐만 아니라 다양한 공감적 감성을 갖추어야 한다. 또한 심리치료자는 창조성과 재능을 지속적으로 훈련할 필요가 있으며, 힘든 치료 작업이 지속적으로 요구되기 때문에 충분한 사회적 경험과 융합교육이 필요하다.

그러므로 심리치료자는 인문, 철학, 예술뿐만 아니라 다양한 방면의 치료 경험과 함께 임상 연구를 통해 필요한 소양을 갖추어야 하며, 무엇보다 자기만의 특별한 치료 노하우를 쌓아야 한다. 왜냐하면 급변하는 사회 · 문화와 생활 속에서 인간의 내면 역시 다채로운 모양을 형성해 나가기 때문이다.

심리치료의 길은 멀고도 험하다. 심리치료는 결코 완전히 숙달될 수 없을 정도로 고도의 정보와 치료 기술을 요구하며, 일생 동안 학습 임상의 기회를 제공하고 또 그것을 요구한다. 심리치료자가 너무 자기만의 방식을 고집한다면 오히려 치료의 핵심을 놓쳐 버리고 지나칠 수도 있다. 그리고 미움과 공격성, 칭찬과 좌절 등을 이해하지 못하게 될 수도 있다. 이는 치료과정에서 무엇이 가장 소중한지를 잊어서는 안 된다는 것이다. 이것이 심리치료의 매력일지도 모른다. 우리가 전하는 심리치료는 '우리가 무엇을 하고 있는지 말하는 것'이 아니다. 가장 중요한 사실은 '우리가 무엇을 하고 있는지를 있는 그대로 스스로 알고 찾아갈 수 있게 하는 것'뿐이다.

이 책의 구성과 내용은 우리의 경험과 훈련의 한계를 다루기 위해 소중한 사례를 통하여 그 역할을 제공하려는 것이다. 각각의 사례는 우리 연구소의 수많은 경험에 따른 것이다.

이 책을 읽으면서 자신의 삶이 남들보다 앞서 가기 위한 경주가 아니라 오직 나 자신에게로 돌아오기 위한 하나의 기나긴 여정이기에 새롭게 자신을 돌아보는 계기가 되었으면 하는 바람이다.

그리고 이 사례들을 읽으면서 심리치료의 아름다움과 예술을 좀 더 충만하게 음미할 수 있을 것이라고 믿는다. 우리는 노력하면 더 나은 삶을 살아갈 수 있다. 모든 새날은 새로 태어나고 새롭게 되살아날 기회를 제공하는 것이다. 이 책에 제시한 사례들의 내담자의 환경을 고려해서 더 깊이 있게 제시하지 못한 점이 아쉽지만, 부족한 부분들을 더욱 보완 · 검토함으로써 정보를 더 확장하고 보충하기 위하여 주의 깊게 노력할 것이다.

끝으로, 이 책을 출판하는 데 원고 교정과 조언을 아끼지 않았던 창원심리치료연구소 신경자 상담실장님, 조성목 상담연구사, 경주

심리상담연구소 박새롬 상담연구사님을 비롯하여 조성원 군과 사례를 발표할 수 있도록 허락해 준 내담자 여러분과 이 책에 많은 삽화를 직접 그려 주신 류나경 씨께 감사의 마음을 전한다. 또 이 글을 기꺼이 출판해 주신 학지사 가족 모두에게 감사드린다.

하루살이가 하루 동안 자신의 전 생애를 바치듯이, 자신의 진정한 행복을 위해 오늘을 충만하게 살아가는 지혜를 가지고 모든 찰나를 소중하고 신중하게 다루어 나가는 참된 삶을 열어 가시길…….

2014년 4월

저자 김순향 · 조한석

차 례

제3장 생애 처음으로 사랑과 상처를 주는 사람은 부모다 · 099

제4장 우울증 · 131

제5장 사랑과 결혼, 내 마음 들여다보기 · 179

제1장

내 감정 드러내기

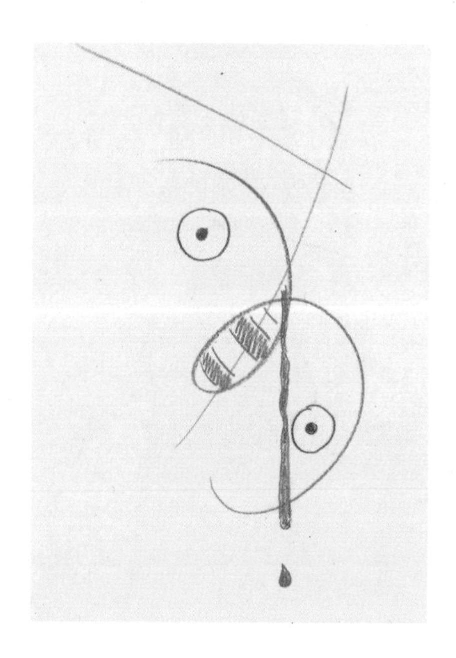

아이를 키우는 동안에 부모가 사랑과 믿음, 관심으로
시간을 투자하지 않으면 우리는 그들이 살아 있는 동안
어떤 대가를 치르게 될지도 모른다.
그것은 정신적 · 신체적 장애일 수 있으며,
심지어는 부정적 인간관이 형성될 수도 있다.

1. 너는 늘 나를 바꾸려 들고

너는 늘 나를 바꾸려 들고

나도 늘 너를 바꾸려 하지.

넌 네게 나를 맞추려고 하고

난 너를 나에게 맞추려고 하지.

그래서 너와 난 맞지 않아.

어울릴 수가 없어.

난 내 코드가 있고

내 삶의 법과 질서가 있는데

이 모든 걸 네게 맞출 순 없어.

아니, 맞추고 싶지 않아.

너도 마찬가지겠지만

내 인생은 내가 살지. 네가 살아?

넌 내 인생 명단에도 없었어.

그런데 네가 끼어든 거야.

그러니 내가 빠질 게 아니라

네가 빠져야지.

사라져 버려.

너란 사람 애초부터

내겐 아무 의미도, 미련도 없었으니까.

난 나지 네가 아니야.

넌 너대로 살고

난 나대로 살고

그게 우리의 마지막이야.

우린 이제 남남이야.

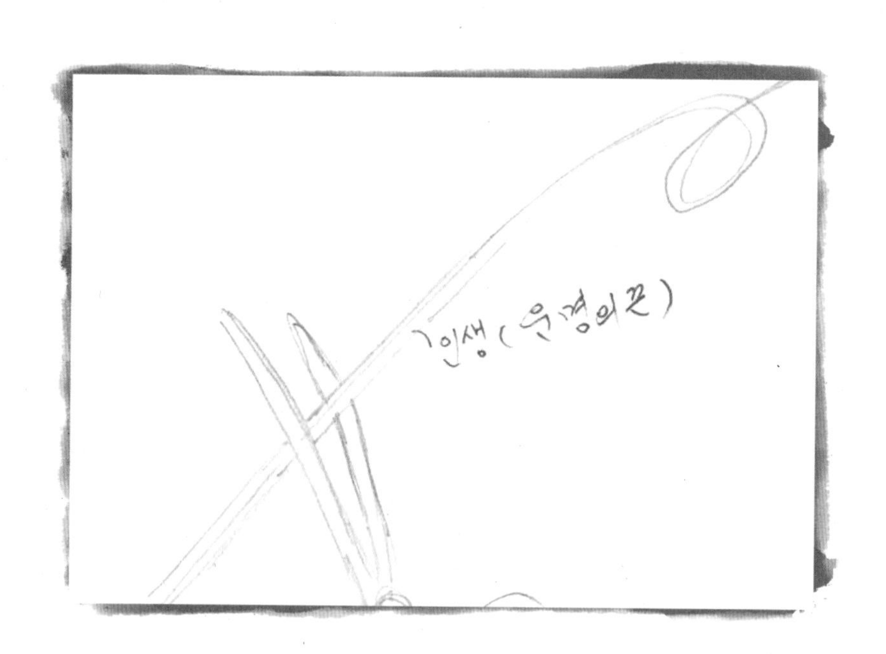

2. 자신의 좋은 점 증진시키기

어떤 문제가 생기면 회피하지 마라.

끊임없이 의문을 가지고 자신을 찾아 들어가라.

그러면 점차 분명한 자신의 모습을 보게 될 것이다.

얽힌 실타래도 실마리를 잡으면 술술 풀리게 마련이다.

〈미래의 자신을 찾아 힘껏 날개짓을 하며 억압에서 벗어나는 내담자의 그림〉

다른 사람을 상담하고 치료하는 사람은 누구보다 자신이 건강한 마음을 갖도록 항상 노력해야 한다. 그래서 많은 공부를 하고 임상을 훈련해야 한다. 연구하고 실습하고 경험하며 그리고 다른 사람과 함께 나누고 보완해 나가야만 한다. 그래야 상담실로 찾아오는 내담자의 다양한 고민들을 재치 있게 풀어 줄 수 있을 것이다. 치료자는 쫓기듯 사는 삶에 지친 내담자나 자살하고 싶을 정도로 괴로워하는 내담자에게 자신이 생각하는 것과는 전혀 다르게 세상을 바라볼 수 있도록 자기 이해로 들어가게 이끌어 줄 수 있어야 한다.

새의 관점(bird eye view)에서 내려다보거나 다른 사람의 관점에서 보게 되면 어떤 일에 문제가 생긴다 해도 그것을 바라보고 생각하는 방법을 다양하게 적용할 수 있다. 그중에서 어떤 방법은 인간관계에 도움이 되기도 하고, 어떤 방법은 심하게 부작용이 생기기도 한다. 또 어떤 경우에는 반응이 그저 밋밋하기도 하다. 예를 들어, 이번 기말 회계학 시험에서 어떤 문제를 틀린 경우를 생각해 보자. 틀린 문제에 대해 '제기랄, 난 회계는 안 돼.'라고 부정적이고 자기 회의적으로 생각할지도 모른다. 이렇게 되면 자기 스스로가 못마땅하고, 자신에 대한 절망감과 무능함을 떨쳐 버릴 수가 없어 자기 학대를 하기도 한다.

반면에 '내가 그 문제를 분명히 틀렸어. 그것을 인정해. 내가 몰랐던 것이 무엇이었는지를 분명하게 알 수 있는 기회였어.'라고 긍정적으로 생각할 수도 있다. 내가 한 실수 때문에 너무 힘들어할 필요는 없다. 설사 조금 부족한 '나'라고 하더라도 내가 나를 사랑하는 마음이 더 아름다운 것이다. 이렇게 자신을 사랑하는 마음이 생기면 자신을 무지한 상태로 두고 자기를 하나씩 담아야 한다. 그래야만 자기를 수용하고, 수용 범위를 넓게 보는 커다란 지혜가 생길 것이다.

잘 알다시피, 전자의 부정적인 생각은 우리 삶에 아무런 도움을 주지 못한다. 그것은 생각하는 방식에서 스스로에게 자신감을 주지 못하기 때문이다. 자기 폄하의 생각은 스스로를 절망감에 빠지게 만들거나 무능한 사람으로 만들어 버린다. 그러나 세상에 완벽하게 사는 사람은 아무도 없다. 인생이란 때로는 실수를 통해 삶을 하나씩 배워 가는 긴 여정이 아닌가?

반면, 후자의 긍정적인 생각은 자신의 삶에 상당히 큰 도움이 될 수 있을 것이다. 왜냐하면 자신에 대해 긍정적인 생각을 하게 되면 스스로 성장시킬 수 있기 때문이다. 그러면 자존감이 향상될 것이고, 또 다른 사고의 대안을 찾을 수 있게 된다.

마찬가지로, 어떤 문제가 생겼을 때 '난 늘 말썽만 일으켜. 어떤 것을 해도 제대로 잘 안 돼.' 하고 부정적으로 생각할 수도 있다. 그러나 지금은 아직 어려서 실수를 했지만 다음에 똑같은 문제에 부딪혔을 때에는 더 잘 풀어 갈 수 있을 것이라는 믿음을 갖게 될 수도 있다. 그것이 자신을 발전시키는 하나의 계기가 되기도 한다. 어떤 것을 잘하지 못하는 것은 경험이 부족하거나 생소하거나 실수를 한 것 같지만, 이것이 결코 중요한 것은 아니다. 중요한 것은 실패와 실수를 피하는 것이 아니라 그에 대해 다른 방법으로 사고를 전환시키는 것이다.

예를 들면, 실수한 아이에게 "그래, 넌 경험도 없고 실수하는 것에 대한 두려움이 크다 보니 많이 불안하게 느끼나 보다. 누구나 실수하는 것에 대해서는 두렵고 자신감이 없는 거란다. 두려워하지 말고 자신감 있게 널 믿고 한번 해 보렴." 이렇게 긍정적으로 이야기할 수 있다. 문제는 바로 자신의 부정적인 생각을 좀 더 긍정적인 생각으로 어떻게 옮겨 가느냐 하는 것이다. 부정적 에너지를 긍정적 에너지로 전환하는 것이야말로 자신의 내면을 더욱 확장시키는 것이다.

사례: 최악의 자기 비하

민지라는 내담자는 자기가 하는 일마다 최악의 상태로 생각하는 경향이 있었다. 때때로 민지는 '하는 일마다 엉망이야. 늘 잘못되기만 해.' '죽을 만큼 괴로워.' '난 아무짝에도 쓸모없는 인간인가 봐.'라고 스스로에게 자기 비하의 말을 하곤 했다. 다른 사람들이 자신에 대해 잘 알지도 못한다고 생각했다. 다른 사람들이 무심코 던진 말에도 너무 예민하게 반응하며 아파했다.

민지는 그야말로 절망감과 무능감에 빠져

있었다. 그러니 자존감 따위는 있을 리가 없었다. 또 어떤 일이든 하고 싶은 의욕도 없고 무기력해졌다. 그런 민지의 모습이 안타까운 부모님은 민지를 데리고 상담실로 찾아오게 되었다.

초기 분석 결과, 민지는 스스로를 못마땅하게 여기고 누군가에 대한 미움으로 고통받고 있었다. 그러면서도 사랑이 가득한 삶을 추구하였다. 그래서 선생님은 민지가 자신을 좀 더 사랑하는 방법을 찾아야 한다고 생각했다. 그리고 그동안 민지가 스스로에게 해 왔던 자기 회의적이고 부정적인 말들이 스스로를 더욱 절망감에 이르게 만들었다는 것을 알 수 있었다. 그런 부정적인 감정의 말은 민지를 더 불행하게 느끼도록 만들거나 또는 자기 탓으로 돌려 자괴감에 빠지게 만들었다는 것을 알 수 있었다. 그러다 보니까 아무리 좋은 것을 가르쳐 주어도 민지는 받아들이기 힘들어 했다.

선생님은 다음 회기 때까지 민지에게 무엇인가 해 볼 것을 제안했다. "친구들을 대상으로 〈민지는 멈추지 않는다〉는 다큐멘터리를 제작하는 중인데, 네가 마치 기자인 것처럼 '당신은 민지의 어떤 점이 가장 좋은가요?'하고 인터뷰를 할 수 있겠니? 민지가 숙제를 해 오면 선생님이 민지를 위해 많은 도움을 줄 수 있을 것 같은데, 할 수 있겠니?"

그러자 민지는 "선생님, 저는 할 수 없어요."라고 말했다. "왜냐하면 다들 내가 잘난 척한다고 비난할 거예요. 저는 잘난 척하는 애가 제일 싫거든요." 민지는 자신이 경직된 분위기나 기분이 나쁠 때는 아무리 좋은 것을 가르쳐 주어도 그것을 받아들이지 못한다.

"그럼 민지가 먼저 친한 친구들에게 그냥 선생님이 내준 과제라고 말하고, 과제에 도움을 좀 주면 고맙겠다고 부탁해 보면 어떨까? 그러고 나서 차차 조금 가까운 친구, 다음에는 반 친구들 같은 순서로 해 보면 되지 않을까 싶은데. 민지가 좀 더 마음을 열고 받아들일 수 있다면 인터뷰가 잘될 것 같은데."

지금 민지는 어떤 것을 인터뷰하는 기자니까 그 사람들의 솔직한 생각을 알아야 하거든. 민지에 대해 가장 좋은 점이 무엇인지 딱 한 가지만 인터뷰하면 되는데……. "그들이 왜 민지를 좋아하는지 그리고 왜 그렇게 생각하는지를 말이야. 그리고 민지가 생각하고 있는 것과 친구들의 생각을 비교해 보고 어떤 점이 민지가 자신을 이렇게 하찮게 여기게 하는지 찾아보기로 하자. 그러면 민지가 자신을 제대로 알 수 있지 않을까? 그리고 다른 사람과 너의 차이를 알아야 너도 어떻게 할지 결정할 수 있지 않겠니?"

"네가 인터뷰한 내용을 조용히 다시 한 번 들어 보는 거야. 그것을 들어 보고 나서 너의 고민에 대한 어떤 해결책을 찾게 되면 자신도 모르게 신기하게도 답이 떠오른단다. 그게 바로 무의식이라는 거야. 기억은 흐려지고 생각은 사라지기 마련이야. 머리를 믿지 말고 너의 가슴으로 믿어 보면 어떨까?"

"그리고 친구들이 말한 너의 좋은 점 중에서 가장 중요한 순서대로 다섯 가지만 적어 보는 거야. 그리고 그것을 거울이나 책상 위에 붙여 놓는 거야. 매일 아침 일어나서, 또 저녁 잠들기 전에 네가 가진 좋은 점을 보면서 그것을 한 번 더 생각해 볼 수 있지 않겠니? 친구들이 인정해 주는 너의 좋은 점들을 생각하면 기분이 많이 좋아질 거야. 어쩌면 그게 너에게 커다란 위로가 되고 힘이 될 거야. 그러면 민지 스스로 알아차리지 못했던 어떤 뿌듯한 자신감도 생길 테고. 민지는 잘할 수 있을 것 같아. 선생님은 민지가 충분히 인터뷰를 잘 해낼 수 있으리라 믿어."

"만약 친구들이 너의 인터뷰를 도와준다면 민지도 그 친구들에게 무엇인가 감사의 선물을 줘야 하겠지? 그럼 인터뷰를 해 준 친구들에게 네가 생각하기에 그 친구의 가장 좋은 점을 하나씩 말해 주면 어떨까? 그것을 통해 아마 민지가 다른 친구들을 칭찬하는 방법도 배우게 될 테니까 말이야!"

"그리고 자신도 모르게 내 주위에는 정말 좋은 친구들이 많이 있다는 것을 느끼게 될 것 같은데. 네 주위의 친구들은 사실 다 똑같은 사람들뿐이야. 그냥 네가 어떻게 보느냐에 따라 좋고 싫음이 정해지는 것이란다. 세상을 바라보는 네 마음이 어떤 상태인가에 따라 그저 달리 보일 뿐이야. '부처 눈에는 부처만 보이고, 돼지 눈에는 돼지만 보인다.'는 말이 있어. 세상을 보는 내 마음의 눈이 어떻게 보느냐에 따라 그 마음 그대로 세상이 보인다는 의미란다."

결국 뭐든 세상 탓만 할 것이 아니라, 내가 세상에 대해 느끼는 좋고 싫고 힘들고 괴로운 감정들의 원인은 내가 알게 모르게 내 마음속에 심어 놓은 것이다. 내 마음이 행복하면 세상도 행복하게 느껴진다. 내 마음이 혼란스러우면 세상도 혼란스럽게 보이는 것이고, 내 마음이 평화로우면 세상도 평화로운 것이다. 그래서 세상을 바꾸는 것 이상으로 중요한 것이 내 마음을 이해하는 것이다.

다른 사람을 아는 사람은 지혜로운 사람이다.
자신을 아는 사람은 현명한 사람이다.

– 노자

TIP
피그말리온 효과(Pygmalion effect)

누군가에 대한 사람들의 믿음이나 기대, 예측이 그 대상에게 그대로 실현되는 경향을 피그말리온 효과라고 한다. 즉, 긍정적으로 기대하면 상대방이 기대에 부응하는 행동을 하면서 기대에 충족되는 결과가 나온다.

3. 난 화를 조절할 수 있게 되었어요

사람이 제 마음도 이기지 못하면서,

도리어 남의 마음을 이기려 해서야

될 법이나 한 소리인가?

제 마음을 이겨야

남의 마음을 이기게 될 것이다.

– 삼혜경

사례: 과잉 보호로 인한 편집적 인격장애

진구의 부모님은 진구를 매우 소중하게 생각한다. 진구는 아주 멋진 아이임에 틀림이 없다. 누가 봐도 진구는 큰 키에 우뚝 선 코, 반짝이는 눈빛 그리고 해맑은 미소를 가졌기 때문에 매력적이다. 진구네 반 여자아이들은 그런 진구를 동경하고 있었다. 그러나 얼마 전부터 진구의 부모님은 한 가지 걱정거리가 생겼다. 진구가 4학년 초가 되면서 가끔씩 화를 내기 시작하더니 학기 중간부터는 심하게 화를 내는 일이 자주 발생하고 있었기 때문이다.

담임 선생님은 진구가 학교에서 자신의 생각대로 일이 잘 풀리지 않을 때 가끔씩 친구에게 화를 내거나 "아~악!" 하고 비명을 지른다거나, 때로는 교실 문을 '쾅' 닫으며 밖으로 뛰쳐나가 버리기도 한다고 하였다. 얼마 전에는 진구가 옆에 있는 친구를 심하게 밀쳐 입원하게 한 일까지 벌어졌다. 심한 경우에는 책이나 공책 등 물건을 닥치는 대로 집어던져서 물건이 파손되는 경우도 있었고, 옆에 있는 친구를 다치게 하는 경우도 종종 있었다.

진구는 자주 이런 식으로 폭발하며 발로 차고 때리고 집어던지며, 욕하고 소리 지르거나 난동을 부렸다. 그러다 보니 진구 주위에는 친구들이 얼씬거리지도 않게 되었다. 진구는 화가 폭발하면 자신의 행동을 스스로 억제할 수 없는 상황이 되어 버리곤 했다. 이런 상황이 계속되다 보니 선생님도 진구를

어찌해야 할지 몰라 당황한 나머지 집으로 전화를 한 것이다.

이러한 이유로 진구는 엄마와 함께 상담실을 찾아 초기 분석을 받게 되었다.

선생님은 엄마에게 진구가 사용할 수 있는 아동용 망치와 못, 넓고 긴 나무판자를 하나 준비하게 하였다. 그리고 진구에게는 다음 주 상담시간까지 간단한 숙제를 내주었다. 선생님은 진구에게 "진구야! 네가 화가 날 때마다 나무판자에 못을 박는 거야. 그리고 그 못 밑에는 반드시 날짜와 시간을 적어야 한다."라고 하였다. 그리고 "진구가 숙제를 참 잘할 거라고 믿어." 하며 어깨를 다독여 주셨다.

진구는 그런 선생님이 좀 이상하다고 생각했다. 좀 놀란 듯한 진구는 대답 대신에 그저 눈만 동그랗게 떴다. 진구는 선생님이 왜 나무판자에 못을 박아 오라고 했는지 도무지 이해할 수가 없었다. 그래도 본성이 착한 진구는 선생님이 내주신 숙제니까 안 할 수도 없고 참으로 난처해했다.

그때부터 진구는 집에 있을 때 화가 나기만 하면 나무판자에 못을 박기 시작했다. 그리고 학교에서 화가 나면 몇 번이나 화가 났는지, 그리고 언제 화가 났는지를 잘 기억해 뒀다가 집에 오자마자 그 수대로 못을 박았다. 나름대로 진구는 선생님의 숙제를 잘 수용하고 있었다.

그런데 놀랍게도 4회기 말 때부터 조금씩 변화가 생겼다. 초기 분석 이후 진구는 2, 3회기에 비해 4회기 때부터 못 박는 일이 점점 줄어들었다. 심리치료 중인 진구는 여전히 화가 나면 못을 박았다. 진구도 자신이 화를 내는 횟수가 점점 줄어들고 있다는 사실을 알게 되었다. 또한 하교시간이 다가오는 오후 2시경에 더 많이 화를 내었다는 사실도 알게 되었다.

이제 진구는 화를 참지 못해서 못을 박는 일이 지겨워졌다. 못을 박는 것보다는 오히려 자신의 감정을 조절하는 것이 훨씬 더 쉬운 일이라는 것을 느끼기 시작했다.

진구는 16회기 때부터 더 이상 못을 박지 않고서 일주일을 견딜 수 있었다. 또 진구는 자신의 주먹질을 당한 친구들이 얼마나 두렵고 아팠을까 하는 생각이 들었다. 진구는 다음 상담시간에 자랑스럽게 선생님에게 말했다. "선생님! 이제 난 화가 나도 참을 수 있어요!"

선생님은 "진구야! 그 말을 들으니 참 기쁘구나! 난 진구를 처음 만났을 때부터 진구가 분명히 해낼 것이라고 믿었어. 이제부턴 네가

Tip

역지사지(易地思之)

이 사례에서 진구는 자신의 입장에서 자신을 고통스럽게 할 뿐만 아니라 주위 사람들까지도 힘들고 고통스럽게 했을 때 그 친구나 가족들을 생각해 보고 그 느낌을 말하게 해 보는 방법을 채택했다.

화를 내지 않은 날마다 나무판자에 박은 못을 하나씩 빼 보는 것은 어때?"라고 말해 주었다.

그날부터 나무판자에 박힌 많은 못이 하나씩 빠져나가기 시작했다. 하지만 진구의 가슴에는 또 다른 걱정이 하나 생겼다. 참으로 가슴 아픈 일이었다. 그것은 바로 못을 빼고 난 자리에 조그만 구멍 또는 상당히 큰 구멍이 남는다는 걸 깨달은 것이다. 그중에서 몇몇 구멍은 나무가 불룩하게 튀어나왔고, 그런데 대부분의 구멍은 못 크기만큼 그대로 남아 있었다. 마치 얼굴은 웃고 있으나 가슴은 울고 있는 아이처럼 보였다.

다음 회기 상담 때 진구는 선생님에게 그런 생각을 말하였다. 선생님은 "우리 진구가 갑자기 많이 성장했구나! 고맙다."라고 말해 주었다. 그리고 "친구들에게 화를 낼 때도 그런 비슷한 일이 생긴단다. 내가 화를 내면 친구들은 상처를 받기도 한단다. 어떤 때는 화가 사라지고 나면 아픈 상처가 금방 사라지기도 하지. 그런데 어떤 때는 화가 사라지고 나서도 오래도록 기억되는 상처가 있어. 우리는 그것을 흉터라고 부른단다. 사람의 얼굴에 흉터가 있으면 어때? 당연히 보기가 싫겠지? 진구야, 마찬가지로 친구의 마음에 흉터가 남아 있으면 어떨까?"라고 하였다.

진구는 못을 빼도 남게 되는 자국에 대해 한참 동안 생각했다. 지금까지 친구들에게 상처를 준 진구는, 자신이 상처를 준 것 자체를 알지 못했었다. 그 구멍은 바로 아픔이요, 상처였다. 못을 빼내도 그 상처는 쉽게 아물지 않는다. 진구는 그것이 흔적으로 남아 있다는 것을 알게 되었다. 진구는 며칠 동안이나 '친구들이 나 때문에 그동안 얼마나 아팠을까?' '내가 그 상처에 대해 어떻게 해야 할 것인가?' '내가 그 아픈 친구들에게 어떻게 책임져야 한단 말인가?' 하고 곰곰이 생각해 보았다. 진구는 나무판자에 남아 있는 못 구멍이 싫었다. 그것을 볼 때마다 자기 행동 때문에 남게 된 흔적, 즉 흉터를 보아야만 했다. 자신의 행동 때문에 그동안 친구들이 받아 왔던 고통스러운 순간이 생각났다. 그 고통을 자주 느끼지 않을 수도 있지만, 기억은 여전히 남아 있을 것이다. 진구는 가슴이 답답하고 아팠다.

〈자신 안에 강한 방어벽을 하고 있는 만들어진 내면의 그림〉

진구는 나무판자에 나 있는 구멍을 하나씩 막기 시작했다. 하지만 그 흔적은 그대로 남아 있었다. 마치 '짐을 덜어 내도 더 무거워지는 수레' 같은 느낌이 들었다. 진구는 자기가 친구들에게 했던 잘못된 행동을 고치고 싶었다. 진구는 다음 회기에 선생님과 함께 그 나무판자에 페인트칠을 하기로 약속했다. "진구야! 어떤 색을 칠할까?" 진구는 한 가지 색으로 칠할지 또는 여러 가지 색들을 칠할지를 고민했다.

진 구: 선생님, 좋은 생각이 떠올랐어요!

선생님: 그게 뭔데? 우리 진구의 좋은 생각이 무엇일까 궁금하구나!

진 구: 선생님, 친구들을 불러다가 나무판자에 커다란 그림을 그리면 안 될까요? 그날은 엄마한테 친구들을 위해 간식도 만들어 달라고 해 보고요.

진구는 그동안 친구들에게 한 못된 짓을 용서받고 싶어 했다. 그리고 친구들에게 더 가까이 다가가고 싶어 했다. 놀랍게도, 진구의 머릿속에는 나무판자에 나 있는 구멍을 메울 수 있는 방법이 아주 많다는 것을 알았다.

치료가 끝날 무렵 진구가 말했다. "선생님! 화가 날 때 친구들에게 한 잘못된 행동들을 바꿀 수 있는 방법이 이제는 아주 많아요." 진구는 어느덧 자기의 분노를 조절할 줄 아는 아이로 부쩍 성장해 있었다. 그리고 이제는 친구들에게 새롭게 다가갈 방법을 찾게 되었다. 이렇듯 마음의 상처는 치료하기에 따라서 자신을 성장시키는 계기가 된다. 진구처럼 내 안에 '스스로 치유하는 힘'을 키우면 그 힘만으로도 더 크게 성장할 수 있다. 우리는 이런 진구가 자기의 긍정적 에너지를 사용할 줄 아는 친구라고 말한다. 자기의 에너지를 창조적으로 사용할 줄 아는 진구의 모습이 아름다웠다.

Tip

아이에게 힘이 되는 말

이 세상에서 네가 가장 소중하단다.

너는 아빠와 엄마에게 보배란다.

난 너를 믿는다.

네가 자랑스러워.

네 자체로 가치가 너무 크단다.

신이 내게 준 유일한 보석이란다.

네가 있어 집안에 활기가 있다.

네가 있어 난 힘이 생겨.

4. 솔직한 자기 감정 표현하기

좌절은 욕구를 고조시킨다.

절망적인 좌절은 분노를 부른다.

정서적인 유대감이 없을 때 욕구는 더욱 강화된다.

너무 자주 좌절하면 두려움, 불안, 공격성을 보인다.

사례: 잃어버린 모성애와 새로운 환경과의 내면 갈등

민수는 새엄마와 집에서 하루라도 조용하게 지내는 날이 없었다. 그러니 아빠와도 사이가 좋을 리가 없었다. 민수는 저녁이 되어 아빠가 퇴근해 오면 새엄마가 민수가 그날 한 잘못된 행동과 하지 않은 과제나 의무들을 모두 다 고자질한다는 생각이 들었다. 그리고 새엄마가 하루 종일 잔소리만 하는 사람으로 느껴졌다. 민수가 가만히 생각해 보니까, 새엄마는 데려온 형에게는 절대로 그러지 않았다. 또 아빠가 계실 때에는 잔소리를 하지 않는데 아빠가 집에 없을 때는 잔소리가 더 심하다고 느껴졌다.

민수는 도저히 참을 수가 없었다. 빨리 독립해 새엄마의 잔소리로부터 벗어나고 싶었다. 새엄마가 뭘 하라고 계속 잔소리하는 것이 귀찮아서 어떤 때는 방문을 잠그고 있을 때도 있었다. 그래서 어떻게든 피해 보려고 노력했지만 결국엔 말썽이 생기곤 했다. 어쩌면 이것은 민수가 가족들의 어떤 행동에 영향을 많이 받고 있다는 것을 의미할지도 모른다.

그런데 민수는 아직 이해하지 못하는 것이 있었다. 아직은 자신이 어려운 상황을 쉽게 조절할 수 있는 능력이 부족한 아이라는 점과 어릴 때는 이해하지 못하는 어떤 것이 있을 수 있다는 점이다. 민수가 알고 있는 건 새엄마가 자꾸 잔소리를 하고 그 때문에 결국에는 말썽이 생긴다는 것이었다. 그래서 그 끝없는 긴 터널을 나가고 싶다는 생각에 사로잡혀 있던 민수는 끝내 가출을 시도했고, 결국에는 부모에게 잡혀 집으로 오게 되었다. 그 후 민수는 부모의 손에 이끌려 상담실을 찾게 되었다.

상담 2회기차에 민수는 다음과 같이 말했다.

"아빠는 내 말은 들을 생각도 않고 새엄마 말만 듣고 나만 잘못했다고 자꾸만 제게 화를 내서 너무 미치겠어요."

그러던 어느날, 새엄마는 또 잔소리를 했고, 민수는 그 잔소리가 듣기 싫어서 대문 밖으로 나가 버렸다. 그 뒤를 강아지 초롱이가 꼬리를 흔들며 따라왔다. 민수는 초롱이마저 다 귀찮아졌다. 그래서 초롱이를 향해 소리를 꽥 지르며 걷어차 버렸다. 그랬더니 초롱이는 깜짝 놀라 황급히 숨을 곳을 찾았다. 마치 새엄마가 자기한테 고함을 칠 때 민수가 그랬던 것처럼…….

선생님이 민수에게 초롱이가 어떻게 보였는지를 묻자, 민수는 금방 자기에게 일어난 일이 무엇인지 알아차릴 수 있었다. 민수는 자기가 소리를 지르니까 초롱이가 어떻게 도망가는지를 곰곰이 생각해 보았다. 그런데 그 모습이 마치 새엄마가 고함을 지를 때 민수가 했던 행동과 너무 닮았다는 생각이 든다고 했다. 그래서 민수에게 집에 가면 새엄마한테 듣고 싶은 이야기를 초롱이에게 말해 보면 어떠냐고 했다. 그리고 다음 회기에 같이 그 이야기를 하기로 했다.

집으로 돌아간 민수는 도망간 초롱이 앞에 다가가 아주 부드럽고 사랑스러운 목소리로 "초롱이는 비겁하게 도망이나 가고 숨어 버리는 못된 친구야."라고 말을 걸어 봤다. 그러자 초롱이는 민수 앞으로 다가와 반갑게 꼬리를 흔들며 재롱을 부렸다.

이번에는 반대로 고함을 막 지르면서 "넌 굉장히 착한 강아지이고 나를 이해해 줄 수 있는 유일한 내 친구야."라고 말했다. 그러자 초롱이는 꼬리를 내리고 있는 힘을 다해 옆으로 잽싸게 도망을 쳤다.

그러고는 똑같은 말을 반대로 한번 해 보았다. 부드러운 목소리로 "넌 굉장히 착한 강아지이고, 나를 이해해 줄 수 있는 유일한 내 친구야."라고 해 보았다. 그러자 초롱이는 다시 꼬리를 흔들며 민수 앞에 나와 재롱을 부리는 것이 아닌가.

민수는 초롱이에게 마치 화가 난 사람처럼 소리쳐 보기도 하고, 아주 부드럽고 사랑스러운 말을 해 보기도 하고, 또 슬픈 듯이 천천

히 말해 보기도 했다. 그런데 문제는 초롱이가 실제 말의 뜻이나 내용이 아닌 목소리나 말하는 방법에 반응을 했다는 것이다. 이것이 바로 민수가 새엄마에게 반응했던 방법과 똑같다는 생각이 갑자기 들었다. 초롱이처럼 민수도 새엄마가 고함을 치면 얼른 도망가 버렸다. 새엄마가 도대체 무슨 말을 하는지 제대로 듣지 않았던 것이다. 그저 귀를 닫아 버렸던 것이었다. 어느덧 민수는 자기의 감정적 대응에서 한발 물러서는 법을 알게 되었다. 결국 '세상은 내 맘 먹기 나름'이라는 것을 깨달았다. 심리학자 에릭슨(Erikson)의 다음 사례를 보면 쉽게 알 수 있을 것이다.

사례: 에릭슨의 세상을 보는 관점

에릭슨은 세상을 보는 관점의 독특성을 중요하게 생각했다. 그는 선천적으로 색맹이었고 음치였으며 난독증까지 있었다. 에릭슨은 이런 기능적인 장애에 대처했던 자신의 경험을 통해 '한계는 극복될 수 있다.'는 신념을 갖게 되었다. 그는 전신마비에서 회복되어 살아남았고, 그 자신이 가진 많은 한계를 극복하면서 수많은 내담자가 자신의 한계를 극복할 수 있도록 도왔다. 예를 들면, 그는 피아니스트가 건반을 두드리는 터치(touch)의 정도로 연주의 수준을 구별하는 것을 배웠다. 사실 그는 음조를 구별할 수 없었기 때문에 피아노의 음으로 피아노 연주자를 평가할 수 없었다. 그러나 바로 이러한 장애가 그의 강점으로 활용되었다. 그는 '표현하는 말의 내용'이 아닌 '표현하는 방식'으로 사람들을 이해할 수 있다고 믿었다.[1]

새엄마는 여전히 잔소리를 한다. 민수가 어린 나이에 그런 잔소리를 계속 듣는다는 것은 쉬운 일이 아니다. 그런데 민수는 초롱이를 통해 한 가지 깨달은 것이 있다. 바로 새엄마의 잔소리를 듣는 것이 아니라 새엄마의 말을 듣는다는 것이다. 민수는 새엄마가 '어떻게 말하는지' 가 아니라 '무엇을 말하는지'를 들으려고 노력했다. 그랬더니 새엄마가 원하는 것이 무엇인지 알아들을 수 있었다. 그러나 처음에는 민수가 생각한 대로 쉽지는 않았다. 그렇지만 조금씩 시간이 지남에 따라 민수는 자신의 감정을 스스로 조절하면서 좀 더 이성적으로 새엄마의 말을 듣게 되었다. 그랬더니 새엄마의 잔소리가 점점 줄어들고 있다는 생각이 들었다. 민수는 '나는 안 되는 게 어른들은 되는 이유'가 무엇인지 곰곰이 생각해 보았다. 그리고 자기 인생에서 도망간 자신을 찾고 싶었다.

어느 날 민수는 자신이 새엄마한테 감사하고 있다는 사실을 알게 되어서 스스로도 놀랐다. 새엄마가 자신의 행동과 잘못된 것을 고쳐주려 하였고 민수를 염려하고 있다는 것을 알게 되었다. 그리고 새엄마 역시 사춘기인 민수에게 부드럽게 표현하지 못한 것에 대해 민수에게 사과를 하였고, 두 사람은 서로를 더욱 이해하게 되었다.

1 내용이 아닌 형식(form) 또는 방법, 그 배경이나 이미지도 중요하다는 것이다.

'말은 씨앗이다.' 어떤 씨앗을 어떻게 심느냐에 따라 결실이 달라지는 것이다. 민수는 이렇게 말하는 내용과 말하는 방법을 조화시키는 것이 중요하다는 것을 알게 해 준 친구 초롱이에게 매우 고마웠다. 민수는 초롱이의 여러 가지 반응을 통해 깨달은 것이 많다. 민수가 사랑스러운 목소리로 말하면 초롱이는 언제나 자기 무릎 앞에 와서 재롱을 부리곤 한다는 것을 알았다. 민수는 '칭찬은 고래도 춤추게 한다.'는 말을 이제 이해할 수 있었다. 여기서 우리는 '자신의 목소리의 높낮이와 속도의 강약은 사람을 상하게도 하고 치료하기도 한다.'는 사실을 간과해서는 안 된다. 감정적 대응에서 물러나는 법을 깨달은 민수는 이제 새엄마의 잔소리에도 배울 것이 있다는 것을 알게 되었다.

우리가 무엇인가를 사랑할 때 그것은 참으로 가치 있는 일이 된다. 그 일이 가치가 있을 때 우리는 거기에 많은 시간과 정열을 다한다. 그리고 그것을 즐기며 보호하게 될 것이다. 민수는 비록 어설프긴 했지만 새엄마가 사랑을 표현하려고 노력했다는 사실에 감사하게 되었다.

우리가 회피하고 무시하고 도망치고 싶어 하는 것이
바로 우리를 진정으로 성장시켜 주는 것이다.

– 앤드류 하비

5. 상처받은 과거 털어 내기

나는 상처 입은 사람에게

그가 어떻게 느끼는지를

한 번도 물어본 적이 없다.

그것은 상처에 소금 뿌리기와 같기 때문에…….

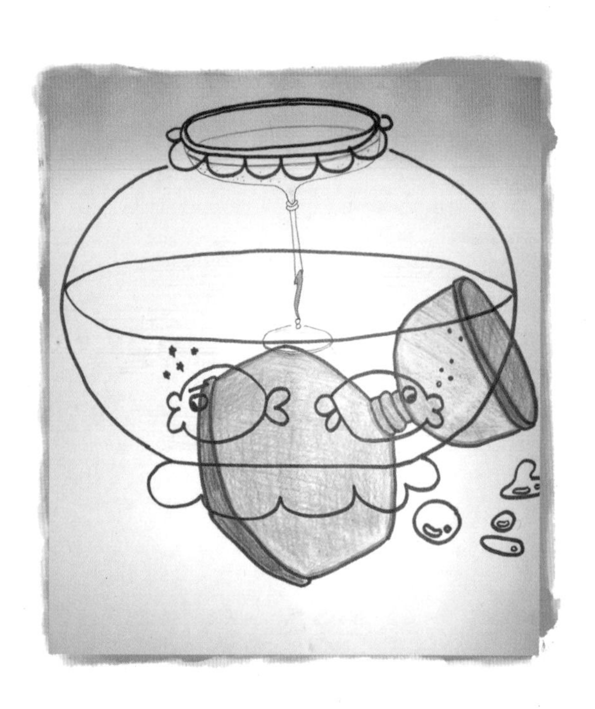

어릴 때 예기치 못한 경험이나 기억들 때문에 성인이 되어서도 고통을 받고 있으며 결혼생활도 원만하지 못한 내담자가 치료를 받기 위해 연구소를 찾아왔다.

사례: 지우고만 싶은 과거의 상처

나는 열두 살 때 학교에서 얼굴도 모르는 사람으로부터 (얼굴을 만지고 머리를 쓰다듬는 등) 성추행을 당한 기억이 있다. 그런데 성인이 되어 결혼을 하여 아이를 두고 있지만, 지금도 그 사실이 가끔씩 떠올라 몹시 두렵다. 그것은 분명히 되살리고 싶지 않은 기억인데도 자꾸 떠오르고, 그와 비슷한 얘기만 나와도 가슴이 답답하고 상처가 되살아나는 것 같아서 뭔가 자꾸 불안해진다. 내가 어떻게 해야만 마음이 좀 편안해질 수 있을까?

이 내담자는 자신의 상처와 비슷한 내용의 얘기만 들어도 가슴이 뛰고 답답하다고 하였다. 어릴 때의 상처가 되살아나기 때문이다. 그래서 자신을 성추행한 사람을 지금까지 원망하고 그 상처를 안고 가는 듯하다.

Tip
원효대사 이야기

원효대사가 당나라에 공부하러 가게 된 어느 날 저녁 무렵, 갑자기 억수같이 소낙비를 동반한 폭풍이 불어왔다. 날은 어두워지고 주위를 둘러봐도 비바람을 피할 만한 곳이 없었다. 온몸이 비에 젖고 피로에 지쳐 기진맥진할 무렵, 겨우 비를 피할 만한 동굴을 하나 발견하여 그 속으로 들어갔다. 그리고 고행 길이라 지치고 피곤해서 금방 잠이 들었다.
잠을 자다가 목이 마른 원효대사는 물을 찾아 이리저리 더듬었는데, 머리맡에 있던 낡은 바가지에 빗물이 고여 있었다. 그 물을 마시니 꿀맛 같았다. 그런데 다음 날 아침에 보니 그것은 바가지가 아닌 사람의 해골이었다. 지난밤에 그가 해골에 고인 물을 마신 것이다. 그러자 갑자기 구역질이 나고 뱃속에 있던 것까지 모두 토하고 말았다. 원효대사는 여기에서 모든 것을 깨달았다.
마음이 일어나면 여러 가지 법이 일어나고, 마음이 없어지면 해골과 바가지가 둘이 아니다. "부처님 말씀에 삼계(三界)가 오직 마음뿐이라 했는데, 내 마음이야 당나라에 가나 고국으로 돌아가나 항상 그 마음이 그 마음인 것을……." 이를 깨우친 원효대사는 당나라에 가는 것을 포기하고 본국으로 돌아갔다고 한다.

내담자와 같이 성추행이나 성폭행, 왕따를 당한 사람은 그 후에 열등감에 빠지거나 무기력감 등을 갖기도 하며 만성적으로 우울해질 수도 있고 외상 후 스트레스 장애를 경험할 수도 있다. 그들 대부분은 자신이 못나서 그런 일을 당했다며 스스로를 비난하기도 한다. 우리는 자신이나 남을 비난하는 것이 익숙하기 때문이다. 마치 곤경에 빠진 사람을 위로하듯 자신을 위로하며 비난에서 벗어나야 한다. 자기 위로는 과거의 아픈 경험으로부터 벗어나게 해 준다.

이 내담자가 지금 괴로운 것은 누가 내 몸에 손을 대서 괴로운 게 아니라 어릴 때의 아픈 경험이 떠올라서 그렇다.

여기서 원효대사의 경험에 비유해 보면, 지난밤에 자다가 마신 물과 아침에 본 물은 똑같은 물이다. 밤에 그 속의 물을 들이마신 바가지와 아침에 본 바가지는 똑같은 해골바가지다. 원효대사는 똑같은 해골바가지를 두고 깨끗함과 더러움이 내 마음에 있다는 것을 깨달았다. 바로 일체유심조(一切唯心造), 즉 '한 생각이 일어나니 만법이 일어나고 한 생각이 사라지니 만법이 사라진다.'는 진리를 깨달은 것이다. 모든 것이 내 마음먹기에 따라 달라지는 것이다. 이 괴로움이 바가지나 물로부터 오는 게 아니라 자신의 마음에서 일어난다는 걸 깨우쳐 해탈할 수 있었다. 단지 내가 싫어하니 괴로움이 되었고 내가 좋아하니 사랑이 되었다. 그렇다면 사랑과 미움, 즐거움과 괴로움, 기쁨과 슬픔은 모두 내 마음에서 일어나는 것이다.

이런 세상 이치를 깨달으면 과거의 어떤 경험을 통해서 내 마음의 방향이 긍정적인 새로운 길로 나아갈 수 있다. 여기서 중요한 것은 내담자가 한순간 생각을 어떻게 받아들이느냐에 따라 긍정적인 사람이 되기도 하고 부정적인 사람이 되기도 한다는 것이다.

우리는 여기서 어릴 때 겪은 성추행의 옳고 그름을 따지는 것이 아니다. 과거의 아픈 상처를 딛고 자신이 나아갈 새로운 방향을 찾아보자는 것이다. 즉, 미래를 향해 어떻게 나아가느냐의 문제다. 과거에 너무 큰 의미를 두지 않아야 발전할 수 있다. 과거의 상처는 내 삶의 한 부분이었기에 미래의 삶에 똑같은 아픔이나 실수를 되풀이하지 않으려 할 뿐이다. 그러니까 이제 내담자는 되돌릴 수 없는 과거의 상처에 연연하지 말고 툭툭 털고 일어서야 한다. 자신이 쓰러져 뒤돌아보며 힘들어할 때 나와 함께 달리던 인생은 이미 나를 지나 내게서 멀어져 갈 것이기 때문이다. 그러면 나는 함께 가야 하는 삶에서 낙오자가 되어 언제나 허덕이는 질주를 해야 할 것이다. 자신에게 가장 뜻 깊고 중요한 시간은 지금이라는 것을 반드시 알아야 한다.

때때로 자신의 과거 때문에[2]

과거는 아무리 좋은 것이라 해도
다시 돌아오는 법이 없는 이미 흘러간 물과도 같습니다.

---

2 〈고도원의 아침편지〉 '때때로 자신의 과거 때문에' 중에서 일부 발췌.

그것이 아무리 최악의 것이었다 해도 지금의 자신을 어쩌지는 못합니다.

우리가 관심을 집중시켜야 할 것은,
지나 온 시간이 얼마나 훌륭했는가 하는 것이 아니라,
남겨진 시간을 어떤 마음가짐으로 어떻게 활용할 것인가입니다.

자신이 그토록 바라고 소망하는 미래는
자신의 과거에 의해서 결정되는 것이 아니라,
지금 현재에 의해 좌우된다는 사실을 기억하십시오.

우리 인생의 목표는 '지금까지'가 아닌 '지금부터'다. 그러므로 현재의 최선이 최고의 가치 부여가 되어 자신이 성장하게 되는 것이다. 그러니까 내담자는 지나간 일에 집착하지 말아야 하고 또 그 순간의 일을 너무 복잡하고 심각하게 생각할 필요가 없다.

사례: 세상에서 가장 아름다운 판결

지난해 초 서울 서초동 법원청사 소년법정에는 서울 도심에서 친구들과 함께 오토바이 등을 훔쳐 달아난 혐의를 받은 A양(16세)이 피고인석에 앉았다.

A양은 지난해 가을부터 14건의 절도 · 폭행을 저질러 이미 한 차례 소년법정에 섰던 전력이 있었기에 이날 '소년보호시

설 감호위탁' 처분을 받을 수 있는 상황이었으나, 김귀옥 부장판사는 불처분 결정을 내리며 단 한 가지 처분으로 '법정에서 일어나 외치기'를 결정 내렸다.

김 부장판사가 이 같은 결정을 내린 것은 A양이 범행에 빠져든 사정을 감안했기 때문이다.

A양은 지난해 초까지만 해도 반에서 상위권 성적을 유지하며 간호사를 꿈꾸던 발랄한 학생이었다. 그러나 당시 남학생 여러 명에게 끌려가 집단 폭행을 당하고 나서 A양의 삶은 바뀌었다. 폭행을 당한 후 후유증으로 병원 치료를 받았으나, 충격을 받은 A양 어머니의 신체 일부가 마비되자 죄책감에 시달리던 A양은 비행청소년과 어울리면서 범행을 저지르기 시작하였다.

이날 보호처분을 예상한 A양에게 김 판사는 "앉은 자리에서 일어나라. 자, 날 따라서 힘차게 외쳐라. 나는 세상에서 가장 멋지게 생겼다."라고 말했다. 예상치 못한 김 판사의 요구에 A양은 "나는 세상에서…….."라며 나지막하게 말했다.

김 판사는 "내 말을 크게 따라 해라. '나는 무엇이든지 할 수 있다. 나는 이 세상에 두려울 게 없다. 이 세상은 나 혼자가 아니다.'라고 말했고, 큰 소리로 따라 하던 A양은 "이 세상은 나 혼자가 아니다."라고 외칠 때 참았던 울음을 터뜨렸다. 이에 법정에 함께 참석한 A양의 어머니도 울었고, 재판장에 있는 참여관, 실무관, 법정 경위의 눈시울도 붉어졌다.

김귀옥 판사는 A양을 바라보며 "이 아이는 가해자로 재판에 왔다. 그러나 이렇게 삶이 망가진 것을 알면 누가 가해자라고 쉽사리 말하겠는가. 아이의 잘못이 있다면 자존감을 잃어버린 것이다. 그러니 스스로 자존감을 찾게 하는 처분을 내려야 한다."라고 말했다.

또한 "이 세상에서 누가 제일 중요할까. 그건 바로 너다. 그 사실만 잊지 않으면 된다. 그러면 지금처럼 힘든 일도 이겨 낼 수 있을 거다."라고 말하고는 두 손을 뻗어 A양의 손을 잡았다. 김 판사는 "마음 같아선 꼭 안아 주고 싶다. 하지만 우리 사이에는 법대(法帶)가 가로막고 있어 이 정도밖에 못해 주겠다."라고 말했다.

이 재판은 비공개로 열렸다. 그러나 서울가정법원 내에서 화제가 되면서 뒤늦게 알려졌다.

그렇다. 진정한 법은 인간을 위해 인간이 만든 것이니 인간을 처벌하기 전에 먼저 길이 있다면 그 길을 열어 주는 것이 순리일 것이다. 인간이기에 실수하고 인간이기에 미숙함을 거치는 것이 아니겠는가? 숙련된 사람들이 하는 일이 아니므로 좀 더 자신을 찾을 기회를 제대로 모색해야 함이 옳은 것이다. 처벌보다는 기회를 주어 자신을 보게 하는 것이 우선되어야 한다.

모든 세상 이치는 노력하는 자에게는 성큼성큼 다가온다. 그래서 우리는 그것을 받아들일 훈련을 쉼 없이 해야 한다.

오늘은 주변 사람에게 사랑의 말 한마디 건네 보면 어떨까?

제2장

유아기적 성격 형성과 인간관계

인간관계는 수평관계다. 이는 곧 평등하다는 것이다.
하지만 부모와 자식 간은 상하, 즉 수직 관계다.
절대로 넘거나 넘어갈 수 없는 수직인 것이다.

1. 부모를 닮은 아이의 내면

세상에 올 때의 모양이 쓰임새가 있듯

자신의 모양대로 쓰이는 삶의 지혜를!

부부싸움의 근본적인 문제는 결혼할 때부터 생긴다. 모두가 그런 것은 아니지만, 단지 서로가 욕심으로 가득 차서 배우자를 선택하기 때문에 그 사실을 모를 뿐이다. 내 배우자는 인물도 좋아야 하고, 학벌도 좋아야 하고, 돈도 많아야 하고, 직장도 좋아야 하고, 마음도 착해야 한다고 생각한다. 이것은 지나친 욕심이요 희망 사항이다. 결혼을 통해 상대의 덕만 보려고 하는 욕심이 앞선다면, 그렇게 완벽한 사람이 어떻게 나를 기다리고만 있겠는가? 내 마음에 쏙 드는 사람을 찾기란 하늘에 별 따기보다 더 어렵다. 그러기 위해서는 우선 나 자신이 완벽해야 하는 것이 아닌가?

배우자를 선택하면서 적어도 남들보다 조금이라도 더 나은 사람을 구하려 하는 것은 당연한 일이다. 그러다 보니 쉽게 맞는 사람이 없는 것이다. 결국 자신을 과대 포장해서 맞추려고 용을 쓰게 되는데, 이를 위해서 외적으로 머리를 만지고 비싼 옷도 사 입게 되고, 그것도 모자라면 턱도 깍고 코도 높이고 쌍꺼풀도 만들어 자신을 화려하게 위장한다. 소위 외모 지상주의다.

이처럼 처음부터 서로 속이고 만나 결혼한 까닭에 부부간이라도 친구처럼 다 꺼내 놓고 얘기할 수는 없다. 처음부터 서로 거짓말을 하고 만났기에 거짓말을 계속 유지할 수밖에 없다. 거짓은 거짓으로 먹이 사슬처럼 엮여 있다. 그런데 그게 들통 나면 상대는 크게 배신감을 느끼게 된다. 부부라는 원초적인 약속이 거짓이기 때문에 이러한 거짓을 놓아 버리기는 쉽지 않다.

이렇게 서로가 욕심으로 시작했으니 당연히 부부 사이에 갈등이 생기게 된다. 또 그런 갈등 속에서 아기를 낳아 키우기 때문에 아이에게 충분한 사랑을 주지 못한다. 그리고 그 아이는 고스란히 부모를 보고 배우게 된다. 그래서 아이에게 문제가 생기는 것이다. 이것을 두고 부모와 자식은 전생의 원수가 만난 것이라는 말이 생겨난 것이 아닐까 싶다. 이것은 결과를 가지고 원인을 규정하는 셈이다. 세상 이치로 말하자면 인과응보다.

사실 부모는 아이의 모든 것을 다 아는 체한다. 전지(全知)한 부모는 아이의 장단점에 대해 너무 많이 알고 있기에 자꾸 지적하거나 강요하고 공격하게 되는 것이다. 문제는 아이가 어릴 때에 겪은 욕구 좌절에 따른 고통과 긴장에 의해 성인이 되어서도 자신이 공격을 받는다고 느낀다는 것이다. 그래서 특히 어린아이를 키울 때는 부부 사이의 친밀한 관계가 매우 중요하다. 부모가 되지 않고서는 아이를 가졌을 때의 기쁨이라는 것을 상상할 수 없듯이, 부부 사이의 친밀함은 아이의 마음에 사랑을 가득 실어 줄 수 있다. 아이에게 사랑을 많이 준다는 것은 그 아이가 성장하면서 부모에 대한 충분한 신뢰감을 형성하는 것이다.

그래서 부부가 갈등을 많이 일으키는 동안에는 가급적 아이를 잉태하지 않는 것이 좋다고 한다. 왜냐하면 그 아이가 엄마의 뱃속에서 배운 것이라고는 싸우는 것, 짜증내는 것, 화내는 것, 강요하는 것, 불평하는 것, 비난하는 것뿐이기 때문이다. 결국 아이가 내면에 이런 부정적인 감정만 갖고 태어나면 삶의 방향을 잃고 분노하게 되는 것이다. 부모가 서로 사랑하지 않으면 아이 역시 부모를 진심으로 사랑할 수 없다. 이것은 누구나 잘 알고 있다. 따라서 태교가 얼마나 중요한가는 새삼 말하지 않아도 될 것이다. 그러나 문제는 갈등이 있는 가운데 아기를 가지는 경우가 아주 흔하다는 것이다.

실제로 많은 엄마는 부부간의 마찰이 있을 때나 어른들과의 마찰이 있을 때 아이를 많이 가진다고 했다. 아이가 생기면 모든 것이 술술 풀린다고 생각한 것이다. 사실 아주 옛날, 우리 엄마의 그 엄마 세대에는 그랬던 것 같다. 특히 자손이 귀한 집안에서는 떡두꺼비 같은 아들 하나만 낳아도 시어머니가 며느리를 많이 예뻐해 주기도 하였다.

짜증나거나 힘든 일이 생겼을 때 이를 극복할 수 있는 강한 자아를 형성하지 못한 미성숙한 부모가 아이를 기르면 아이는 힘든 일을 이겨 내지 못하고 극단적인 방법(공격적 분노표출, 파괴, 자살 등)으로 해결하려는 모습을 드러내기도 한다. 그것은 아직 해결되지 않은 부모에 대한 분노일 수도 있고, 태아 때부터 부모가 매일 화내는 모습을 보고 성장하면서 학습된 상태일 수도 있다.

부부가 욕심으로 만나서 갈등하는 도중에 태어난 아이가 성장하여 어른이 되면 드러나는 증상이 몇 가지가 있다.

사례: 어린 시절 표현할 수 없었던 분노의 폭발

김 씨는 부모로부터 사랑을 받지 못하고 자랐다. 아이들은 뒷전이고 거의 매일 짜증스러운 부모의 싸움에 겁이 나서 집에 들어가기 싫었다……. 김 씨는 아무런 준비도 없는 상태에서 결혼하여 아이를 낳았다. 2010년 12월 어느 날, 그는 두

살짜리 아들이 대소변을 가리지 못하고 방바닥에 오줌을 쌌다는 이유로 주먹으로 때려 죽였다. 김 씨는 하루 10시간 이상씩 컴퓨터 게임을 하면서도 아이를 돌보지 않았다.

2010년 2월 임 씨는 평소 남편과 시어머니가 자신을 무시하는 것에 대해 심한 스트레스를 받았다. 임 씨가 가출하기로 마음을 먹었는데 딸이 옆에서 계속 울었다. 순간적으로 화가 난 임 씨는 유모차에 딸을 태우고 놀이터로 데려가 주먹으로 머리를 내리쳐 죽였다. 그녀는 2002년 7월에도 첫 번째 동거남과의 사이에서 생긴 생후 4개월 된 딸을 '보고만 있어도 화가 난다.'는 이유로 발로 차 늑골을 부러뜨려 죽였다.

이와 같은 사례에서 보면, 어린 시절에 표출할 수 없었던 분노가 결코 사라지지 않았다는 것을 볼 수 있다. 그 분노를 해결하지 않았기 때문이다. 위 사례에서 김 씨는 어린 시절에 부모로부터 사랑을 받지 못하고 자랐다. 부모가 매일 싸우는 모습만 보면서 그의 가슴속에는 분노가 쌓였다. 임 씨 역시 마찬가지다. 이런 사건들은 어려서부터 가진 부모에 대한 분노 때문에 일어날 수 있다. 그들은 아이를 키울 아무런 준비가 되어 있지 않은 상태에서 임신을 하고 아이를 낳았다. 따라서 아이가 대소변을 가리지 못하고 방바닥에 오줌을 쌌다는 이유로 자신의 화를 이겨 내지 못했고, 짜증난다거나 귀찮다는 이유로 아이를 살해한 것이다.

부모로부터 거부당하거나 매를 맞거나 무시당한 경우, 아이들은 절대적인 무기력과 무능감을 경험한다. 이런 아이는 어른이 되어서도 내면에 어린 시절의 상처와 고통을 지니고 있다. 그들이 부모로부터 자신의 욕구나 감정을 '있는 그대로' 인정받거나 존중받지 못하고 자랐기 때문이다. 이런 아이는 성장해서 어른이 될 경우 내면에 엄청난 분노가 일어 폭발한다. 어린 시절 표출하지 못한 마음의 상처는 격렬한 감정을 불러일으킨다. 특히 분노와 같은 감정은 범죄를 부를 수 있다. 이들은 나중에 성인이 되어 가정을 이루었을 때 자신의 배우자나 아이에게 폭력을 휘두를 가능성이 높다. 폭력이 되물림되는 것이다. 그래서 폭력과 전쟁, 테러는 야수처럼 자신의 공격성을 표출하는 것이다.

어느 내담자가 '늘 상처만 주는 엄마' 때문에 연구소에 상담을 신청하였다.

사례: 자식에게 상처를 주는 엄마

어릴 때부터 엄마한테 모진 말만 들으며 자랐어요. 그것도 아주 예민한 사춘기 시절에……. 그래서 세상 모든 것을 부정적으로 보는 면이 많은 것 같아요. 자신감도 없고, 쉽게 주눅이 들고, 무기력하고, 무능하고…….

특히 남들 앞에서 내 욕을 하는 것이 가장 마음에 상처가 되었어요. 나한테 정이 없다, 밉다, 싫다고 하고……. 엄마는

심지어 엄마 친구들 앞에서 나를 재수 없다고 하고, 얼떨결에 결혼하고서 내가 생기는 바람에 이혼을 못했다고 하고, 나 때문에 인생 다 망쳤다고 하면서 아무런 죄책감도 없이 말했어요.

이십 년이 지난 지금도 그런 말들을 생생하게 기억해요. 그때의 배신감, 외로움, 충격, 분노, 그리고 죽이고 싶을 정도의 적대감……. 걸핏하면 "너도 너와 같은 딸 낳아서 키워 봐라." 라고 악담을 했어요.

어린 시절에 극복하지 못한 갈등은 제일 가까운 사람에게 표출하게 된다. 이것은 가계도와 같은 특별한 관계역학에서 반복될 수도 있다. 그래서 엄마가 딸에게 그대로 투사하고 있는지도 모른다. 우리는 대부분 자신이 사랑하는 사람들에게 주로 마음을 열어 두기 때문이다.

어린 시절 분노가 내면 속에 숨겨지면 어른이 되었을 때 그것이 다시 나타나려고 한다. 마치 우리가 어떤 물체를 땅에 떨어뜨리면 그것이 다른 곳으로 튀어오르려고 하는 성질을 가진 것처럼 말이다. 이것이 물리적인 법칙이다.

내담자가 이십 년이 지난 일을 지금도 생생하게 기억하고 있다는 것은 무의식 속에 아직 해결되지 않은 많은 분노가 내재되어 있다는 의미다. 그래서 자주 화가 치밀어 오르기도 하고, 이유 없이 자신이 미워지기도 하고, 때로는 심한 배신감을 느껴 죽이고 싶을 것이다. 거기에는 심장질환이나 위궤양, 두통, 탈모, 불면증과 같은 증상이 항상 따라 다닌다. 이런 증상을 가진 심인성 질환의 근원은 어릴 때 억압, 억제 및 회피된 분노를 제대로 다루지 못했다는 데 있다. 그래서 어른이 된 지금에 와서 분노와 같은 심리적 문제를 일으키는 경우가 많다. 그 분노의 근원은 무시하고 굴욕감을 주는 부모 앞에서 전적으로 무력감을 느꼈던 아동기의 경험에서 찾을 수 있다.

내담자도 부모로부터 받은 이 상처를 자신의 아이에게 대물림하고 싶지 않을 것이다. 그러기 위해서는 엄마와의 사이에서 무의식 중에 내재하고 있는 억압과 억제된 감정이나 회피된 분노와 함께 의식 중인 것들을 하나씩 소거하는 심리치료가 필요하다. 내담자가 치료를 받게 되면 엄마와 독립된 개체로서 분리될 것이다. 그리고 다른 사람들이 겪어 보지 못한 가족관계나 인간관계에 대해 많은 것을 느낄 수 있을 것이다. 만약 치료받지 않으면 여전히 지금과 같이 다른 사람에 비하여 자존감과 자신감이 낮아 어떤 일을 하려고 하여도 의욕이 떨어지고 무기력해진다. 이렇게 되면 쉽게 주눅이 들고 매사에 부정적인 감정이 나타날 수도 있다. 더불어 자신의 분노와 공격성을 내재화하게 되면 심한 모욕감을 느끼기도 한다.

세상에는 나와 비슷한 사람도 있고 전혀 다른 사람도 있듯이, 엄마의 입장에서 보면 엄마는 다른 사람에 비하여 조금 독특한 성격을 가진 사람일 뿐이다. 그래서 역지사지라는 말이 나온 것이다. '무조건 엄마를 사랑한다. 다 괜찮다…….' 엄마의 입장에서 듣고 느끼며 하나하나를 수용하고 용서하고 이해하여 마음이 편안해지도록 심리치료를 받는 것이 좋다.

또 지금까지는 도무지 이해할 수 없었던 엄마의 세계와 자신의 내면도 알게 될 것이다. 폭언은 남에게 상처를 주기 전에 자기 자신에게 먼저 상처를 남긴다. 눈에 보이지 않는 폭언의 상처가 더 깊고 더 오래간다. 마음속 깊은 곳에 있는 상처를 상처가 아닌 척 억압해 둘 수는 있다. 그러나 그 상처의 흔적은 그대로 남아 있다. 그래서 수시로 마음이 아프다. 나무에 박은 못을 빼낸다 해도 그 자국은 여전히 남아 있다. 그러니까 늘 불안하고, 자신감이 없어지니까 무기력하고, 자신이 못난 사람이라고 자학을 하게 된다. 이런 경우에 내면의 상처가 치료될 수 있도록 치료자가 안아 주면 크게 도움이 된다.

우리가 심리치료를 하는 것은 보다 더 성숙해지고 다른 사람과 더 건강한 인간관계를 맺는 데에서 절대적으로 필요하다. 부정적인 감정은 기본적으로 잘못된 정서가 아닌 좋은 정서다. 우리는 부정적인 감정을 느끼고, 처리하고, 제대로 표현하고, 올바로 다룰 수만 있다면 삶의 또 다른 묘미를 느낄 것이다.

내담자가 연로한 엄마에게 무엇을 받으려고 기대하지 않고 자신이 먼저 엄마에게 다가서는 방법을 선택하는 것이 문제 해결의 한 방법이 될 수도 있을 것이다.

12회기의 치료가 지난 어느 날, 내담자는 자신이 가슴에 담고 있던 말을 이십 년이 지난 지금에야 엄마한테 이야기했다고 말했다. 엄마는 가만히 들으시곤 전화를 끊으셨다. 그리고 이틀 후에 내담자에게 전화를 하여 "엄마가 미안했다. 엄마가 너무 철이 없어서 그랬어. 그리고 결혼하기 전에, 아니 엄마가 되기 전에 '엄마가 되는' 자격시험이 있었다면 아마 낙방했을 거야. 엄마는 자격 미달이었다……."라고 말씀하셨다.

이십 년 넘은 응어리가 한 번에 풀어졌다고 한다. 내담자는 "아! 엄마, 너무 보고 싶어요."라고 말했다.

2. 최초의 신뢰는 엄마로부터

지금의 나를 성공으로 인도한 것은

엄마의 사랑과

엄마에 대한 믿음 때문이었다.

아이는 누군가 나를 지켜 주고 도와준다는 믿음을 가지게 되면 깊은 안정감을 느끼게 된다. 그런 자기 암시는 긍정적인 에너지를 조성하고, 다른 사람을 배려하는 마음으로 확장되고 심화되며, 훈훈한 인정과 신뢰를 형성시킨다. 그러면 아이는 성장하면서 자신이 하는 일이 다 잘될 것이라는 긍정적인 에너지를 창출하여 좋은 결과를 만들게 된다. 만약 누군가 나를 지켜 주고 도와준다는 믿음이 없어지면, 아이는 부정적이고 비관적인 에너지로 절망적이고 체념적인 에너지를 불러 의욕을 상실하고 자기 불만의 늪에 빠지게 된다. 어린아이에게는 누군가 나를 지켜 줄 거라는 믿음, 내가 혼자가 아니라는 믿음이 삶에 대한 긍정적인 에너지 원천이다. 이러한 믿음은 신뢰 형성에 중요한 문제가 된다. 그 신뢰성은 나중에 가정에서 부부간의 믿음이든, 직장에서 동료 간의 믿음이든 간에 사회생활에 크게 영향을 미치게 된다.

그래서 태어나서 세 살까지 형성된 심리 작용의 가장 근본 기제를 변화시키기는 사실상 굉장히 어렵다. 우리는 그것을 천성이라고 부른다. 그야말로 타고난 팔자라는 것이다. 그래서 '천성이 변하면 죽는다, 세 살 버릇 여든까지 간다.'는 말도 있다. 그만큼 천성은 쉽게 변하지 않는다는 말이다. 그래서 뱃속에 아이를 잉태하고 있을 때, 그리고 낳아서 세 살 때까지가 중요하다. 이럴 때일수록 아이는 엄마가 키우는 것이 중요하다. 왜냐하면 아이가 엄마의 자궁에서 잉태되는 순간부터 젖을 떼는 세 살 무렵까지 엄마의 심리적인 영향은 아이에게 대단히 크기 때문이다. 엄마는 아이를 임신하는 순간부터 언행과 태교를 통해 아이의 열려 있는 영혼에게 위대한 자연의 신비와 하나로 연결되어 있음을 가르쳐 왔다.

이 시기는 설사 맞벌이라 하더라도 잠시 휴직을 해서라도 엄마가 자기 아이를 키우는 것이 필요한 시기다. 입시를 핑계로 교육문제를 부르짖는 청소년기보다 더 중요한 시기가 바로 만 3세까지다. 조기 교육, 외국어, 과외가 중요하다고 떠들 필요가 없다. 이 시기에 아이를 품에 안고 마음으로 전하고 가슴으로 느끼게 하는 엄마의 생생한 현장교육이 더 좋다. 아이가 다 커서 뒤늦게 인성교육을 시키려 하기보다는 처음부터 엄마의 가슴에서 안정됨을 알게 하여야 한다. 그러면 이 아이는 모든 것에 자신감 있고 당당하며 타인을 위한 진정한 배려를 알게 된다. 이 사회의 혼란을 방지하는 데에는 역시 엄마의 역할이 매우 중요하다는 것을 자각해야만 한다. 돌보는 이의 역할 중에서 최선의 선택은 엄마다. 하기야 자식을 낳고도 엄마 젖이 아닌 가공식품을 먹이는 세상이다. 이는 아이를 위해서가 아니고 단지 엄마 자신을 위해서다. 그러니 어찌 세 살까지 키울 엄두를 낼 수 있겠는가?

그렇다. 모유가 아닌 가공식품을 먹고 자라니, 고집과 아집으로 뭉쳐 있고 자기중심적으로 행동하지 않는가? 그러다 청소년기가 지나면 맘대로 소처럼 힘으로 부모를 밀고 나가지 않는가? 그러니 천륜이 뭔지 알리 있으랴. 효심이란 게 점점 없어진다. 물론 모두가 그러하진 않을 것이다. 그렇다 해도 자신의 의견과 타인의 의견을 사려 깊게 판단하는 아이로 키운다면 그 따뜻한 배려가 자신을 지킬 수도 있을 것이다. 아기를 낳는 것도 마찬가지다.

사례: 자연분만으로 태어난 아이

내담자를 분석해 보면 자연분만으로 태어난 아이는 엄마의 숭고한 정신과 인내심 그리고 의지를 바탕으로 조금 힘들어도 참고 견딜 줄 안다. 그러나 타인의 도움을 받고 태어난 아이의 경우에는 지구력과 책임의식이 떨어진다. 자신이 살기 위해 스스로 용쓰면서 세상에 나온 것이 아니기 때문에 조금만 힘들면 타인에게 의존하거나 쉽게 포기하는 경향이 있다.

자연분만으로 태어난 아이에 비해 타인의 도움을 받고 태어난 아이는 인내심이나 의지가 부족하다. 사람은 태어날 때 힘든 관문인 자궁 문을 스스로 열고 나오는 고통을 알기에 자신의 삶을 스스로 책임지고 자신을 세우려 하게 되는 것이다.

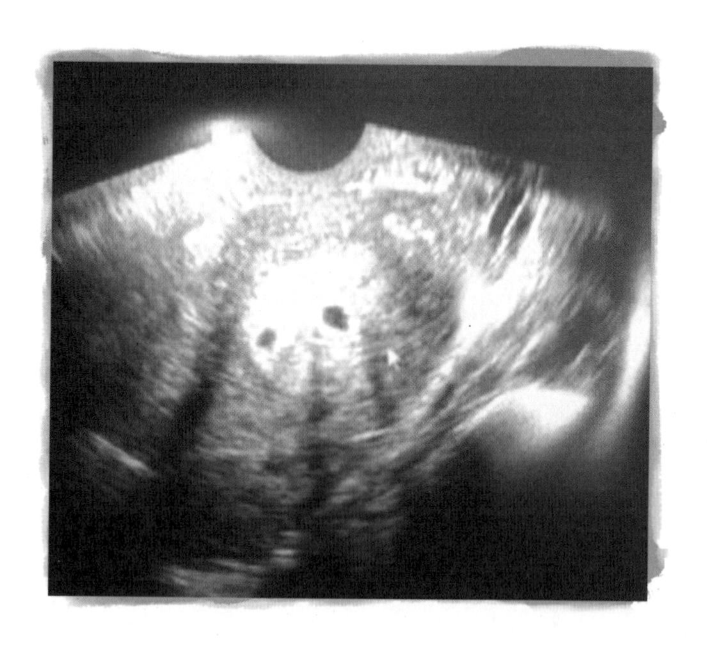

중요한 것은 아기가 태어나는 과정에서 엄마가 혼자서 낳는 것이 아니고, 또 엄마의 협조를 받지 않으면 아기가 스스로 용쓴다고 해서 태어나지 않는다는 것이다. 엄마와 아기가 한 쌍의 역할(분만의 협조관계)을 하게 되는 것이다. 그래서 엄마는 아기가 잘 태어날 수 있도록 돕고, 아기 또한 엄마의 자궁에서 보호를 받으면서 자신의 에너지를 동원하여 세상의 빛을 찾아 끝없이 노력하여 세상에 나오는 것이다.

그런데 문제는 엄마의 도움보다는 타인의 도움을 받아 아기가 쉽게 태어난다는 것이다. 그래서인지 요즘 아이들은 부모보다 외부인 또는 인터넷 같은 외부적 학습을 더 신뢰하는지도 모른다. 적당한 탄력적 기간에 적정한 관성의 법칙에 따라 밀고 당기는 가운데 출산되어야 할 아기가 그렇지 못하고 태어나니 인내심이 떨어질 수밖에 없다. 출생이라는 가장 원초적인 엄마와의 신뢰 형성에서 엄마의 인내심 부족이나 출산 상황에 따라 타인의 도움을 받았으니 엄마에 대한 신뢰감이 적다. '우리 엄마는 힘이 약해!' 그러다 보니 아이는 고집이 셀 수밖에 없다.

자연분만으로 태어난 아이보다 타인의 도움으로 태어난 아이의 인생은 대체로 많이 불안하다. 그리고 막막한 삶을 살다보니 자신의 생활이 답답할 뿐이다. 그래서 성장해서도 많이 흔들리게 된다. 흔들리는 것이 인간이다. 외로우니까 허전하다. 두근거리니까 불안하다. 아프니까 인간이다. 이렇게 타인의 도움으로 세상을 시작하는 존재는 자연분만으로 태어난 아이들보다 대체로 늘 아프고 불안하다.

3. 아이의 습관은 어떻게 형성되느냐가 중요하다

자기 것을 나눌 줄 알아야 한다는 것,
남의 물건에 손대면 안 된다는 것,
잘못한 일에 대해서는 사과해야 한다는 것,
식사 전에는 반드시 손을 씻어야 한다는 것뿐만 아니라
자연을 자세히 관찰하고 사고력을 길러야 한다는 것 등
살아가면서 꼭 필요한 이 모든 것을 부모를 통해 맨 처음 배운다.

엄마는 아이가 생각하는 능력, 즉 사고력을 발달시키도록 해야 한다. 그러면 아이는 자신의 생각을 다양하게 표출하게 될 것이다. 이때 엄마는 아이를 잘 담아 줄 수 있어야 한다. 즉, 엄마는 아이의 존재와 아이가 경험하는 것을 모두 진정으로 담아 줄 수 있어야 한다. 문제는 엄마가 어떻게 담아 줄 것인가 하는 것(containment)이다. 여기서 가장 중요한 것은 엄마가 몽상(revering)을 한 상태에서 아이를 담아 주는 것이 좋다는 것이다. 이때 엄마가 자유연상, 공감하는 자세로 담아 주어야 가장 좋다. 그래야 아이가 불안에서 완전히 벗어날 수 있다. 또 그래야만 아이가 나름대로 어떤 것을 사고할 수 있다. 그렇지 못하면 불안에 압도되어 그것이 무엇인지 경험해 내지 못하고, 사고되지 않는 앎(unthought known)으로 그냥 자리를 잡게 된다. 이것을 우리는 트라우마(trauma)라고 한다. 트라우마의 정도가 심해지면 심리 내적 문제가 된다. 모든 심리 내적 문제는 여기에 해당한다.

아이는 태어나서 육체적 훈련을 통해 몸에 그대로 학습한다. 그렇기에 지방마다 특색이 있듯, 그 지역에서 태어나 그 지역에서 자라면 오감에 의해 자연스럽게 사투리를 하게 되고 그 지방의 특정 음식을 선호하게 되는 것이 아닐까?

또한 재미있게도 아이들은 아빠보다는 엄마를 더 많이 닮는다. 어릴 때 엄마 품에서 자라기 때문에 엄마를 많이 닮는 것이다. 매스컴을 통해 많이 보았듯이, 태어나자마자 돼지 우리에서 자라면 돼지 흉내를 내고 늑대 우리에서 자라면 늑대 흉내를 내게 된다. 그래서 '어떤 억양의 말을 한다.' '어떤 음식을 좋아한다.' '어떤 식으로 웃는다.' 하는 것도 다 따라 배운 것에 불과하다. 잘 길들여져서 이루어진 학습이다. 그래서 아이에게 엄마의 품은 소중하다. 적어도 어린 아이가 세 살까지는 엄마 품속에서 자라는 것이 좋다. 아마도 자아가 형성되는 나이가 만 세 살까지이기 때문일 것이다.

옛날에는 여자들, 즉 엄마가 선생님이었다. 따라서 엄마와 할머니가 아이의 선생님이었다. 아이가 정도에서 벗어난 어떤 행동을 하면 엄마와 할머니는 "아무도 그렇게 하지 않는다."고 말해 주었다. 그러면 아이는 "아무도 그렇게 하지 않는다면 내가 할 거예요……."라고 반응하기도 했다. 하지만 아이가 아무리 그렇게 말해 봐야 소용이 없다. 엄마와 할머니는 매우 엄격한 선생님이었기 때문이다. 할머니는 "불 속을 지나가지 마라. 화상을 입을 거다. 불을 돌아가는 길도 많이 있다."라고 말했다. 이것은 엄마와 할머니가 살아오면서 깨달은 이치다. 그것이 습(習)이 된 것이다.

따라서 어릴 때 습관이 어떻게 형성되느냐가 중요하다. 그 아이의 기본 심성에는 엄마를 본받아 형성된 언행이 가득 담겨 있다. 엄마가 아이를 품에 안고 있으면 엄마의 심성이 아이의 심성에 심어지는 것이다. 그래서 아이에게는 엄마가 소중하다. 더구나 마음이 가난한 아이일수록 엄마의 품이 소중하다.

비록 내가 낳았더라도 다른 사람이 키우면 돌보는 사람의 심성이 담긴다. 할머니가 안고 키우면 아이의 가슴속에 그 할머니의 프로그램이 그대로 담기는 것이다. 그래서 낳은 정보다 키운 정이 더 무섭다고 하는 것이다. 요즘은 맞벌이라는 핑계로 아이를 시설이나 외할머니에게 맡기는 사람들이 많다. 다행히 그 시설이나 외할머니가 아이를 진심으로 자기 자식처럼 가슴으로 키우는 경우도 있을 것이다. 그러나 시설이라는 곳은 내 아이만 있는 곳이 아니라는 점을 새삼 상기할 필요가 있을 것이다. 아무리 다른 사람에게 맡겨져 건강하게 자란다 해도 아이가 엄마에게서 느끼는 인간의 정에 대한 욕구는 충분히 충족되지 못함을 잊어서는 안 된다.

4. 돌보는 이에게 전적으로 의존적인 유아기

겨울이 없다면

봄의 생동감을 느끼지 못할 것이며,

역경을 맛보지 않는다면

성공의 기쁨을 느끼지 못할 것이다.

위니콧(Winicott)은 "아이란 존재하지 않는다. 다만 '아이와 엄마'가 존재할 뿐이다."라고 하였다. 즉, 엄마와 유아는 서로 분리된 두 존재가 아닌 하나의 단위라는 것이다. 이것은 유아가 돌보는 이에게 절대적으로 의존하는 시기를 갖는다는 사실을 말해 준다.

사례: 유아기의 심리적 형성은 돌보는 이와의 관계 형성에서

유아는 부모(돌보는 이)에게 전적으로 의존되어 있다. 유아는 자기 스스로를 지탱할 만한 능력이 없기 때문이다. 누군가가 유아를 지탱해 줄 때만 유아 자신이 지탱할 수 있다. 물론 누군가란 대부분 아이의 엄마, 바로 모태다. 엄마가 아이를 포근하게 안아 주고 있을 때는 아이가 안정감을 유지하게 되지만, 아무도 안아 주지 않고 내버려 둔다면 그 아이는 심한 불안을 경험하면서 절망적으로 울게 된다.

유아의 좌절은 욕구를 고조시킨다. 그 욕구는 정서적인 유대감이 없을 때 더욱 강화된다. 유아가 너무 자주 좌절하게 되면, 욕구는 점점 더 공격성과 두려움과 적개심으로 물들게 된다. 만일 고통받는 유아가 위안을 받지 못한 상태로 계속 방치된다면 절망적으로 저항할 것이며, 극심한 좌절감과 함께 소리를 지르고 울면서 분노할 것이다.

이 시기에 유아는 돌보는 이에게 생사를 걸고 있다. 그런데 돌보는 이가 유아에게 필요한 돌봄을 주지 못한다면 그 영향은 실로 치명적일 것이다(소모증, marasmus). 그래서 유아기에는 엄마가 아이를 키우는 것이 제일 좋다고 하는 것이다. 이는 돌보는 이의 책임성을 두드러지게 한다. 돌보는 이에게 아이의 양육을 맡기면 과연 엄마처럼 진정으로 최선을 다해 돌봐 줄 수 있을까?

그러므로 유아가 전적으로 의존하는 대상이 의존할 만한 대상이 되지 못한다면 그것은 심각한 문제다. 우리가 아이를 기관에 맡기든, 개인에게 맡기든, 혹은 이웃집에 맡기든 간에 돌보는 이가 정서적으로 불안하거나, 심리적으로 자유롭지 못하고 위축되어 있거나, 다른 사람의 눈치를 심하게 보는 상태에 있거나, 신체적 허약함의 문제를 지니고 있다면, 유아는 생존 자체에 위협을 받게 되고 살아남는다고 하더라도 커다란 심리적 상처를 떠안게 될지도 모른다.

문제는 성인과 달리 유아는 누구에게 의존할 것인지를 선택하거나 부적절한 양육자를 스스로 떠날 수가 없다는 것이다. 또한 돌보는 이의 행동을 바꾸기 위해 어떤 영향력을 미칠 수 있는 충분한 힘을 갖고 있지 않은 것이 사실이다.

유아의 고통을 실제로 보고 듣고 있음을 알려 주는 엄마의 달래주는 목소리가 없다면 유아는 불안을 느끼거나 좌절 때문에 분노하게 된다. 또 유아는 자신의 깊은 고통을 엄마에게 알리거나 소통하는 데 실패한다면 분노한다. 그리고 충분히 위로받고 진정되었다고 느끼기도 전에 엄마가 유아를 내려놓거나 또는 유아가 부드럽고 포근하게 안길 수 있는 엄마 품을 갖지 못한다면, 유아는 좌절 때문에 분노하게 된다. 만약 이런 상황에서도 유아가 관심을 받지 못하면 무기력해진다. 그런 무기력한 경험을 한 유아는 자신의 존재 자체를 위협받기 때문에 견딜 수 없는 고통을 느낀다.

그래서 아이는 엄마가 키우는 것이 가장 좋다. 엄마의 헌신적인 마음이 아이를 건강하게 키우기 때문이다. 따라서 엄마에게는 언행의 실천이 꼭 필요하다. 좋은 언행으로 자신의 업을 바꿔야 아이에게도 좋은 영향을 미치게 된다. 엄마는 TV 홈쇼핑 채널을 켜 놓고 아이에게는 공부해라, 과외해라. 하는 것이 중요한 것은 아니다. 아이 앞에서 엄마가 책을 보고 좋은 언행을 하면 아이는 자연스럽게 그것을 배우게 된다. 예를 들어, 엄마는 TV를 보더라도 아이와 함께 하며 아이의 의견을 들어주고 설명을 해 줄 수 있어야 하는 것이다.

5. 최초의 관심 끌기는 엄마에게 향한다

나는 씨앗을 뿌릴 때 마음속에 어떤 분노도 갖지 않는다.

왜냐하면 내가 어떻게 느끼는가에 따라

그 에너지가 씨앗과 함께 땅속으로 들어가기 때문이다.

급한 약속이 있거나 마음이 심란한 상태에서

씨앗을 심어서는 안 된다.

사람이 태어나서 처음으로 갖는 인간관계는 엄마와 아이 간의 관심 끌기 행동이 아닐까 싶다. 아이들은 모든 사람의 관심을 받기를 원한다. 관심 끌기란 특별히 재롱을 부리거나 뛰어난 재주를 보이는 경우다. 이렇게 하는 이유는 부모에게 관심을 끌기 위한 것일 수도 있다. 어린아이들은 언어가 발달되기 전부터 엄마의 관심을 끌고 또 독점하려는 행동을 보인다(이것을 심리에서는 전오이디푸스[1]라 한다).

엄마가 껴안아 주고 같이 놀아 주고 즐거운 시간을 갖게 될 때 아이는 귀엽게 행동한다. 이제 걸음마를 시작한 아이랑 실랑이를 하다 보면 하루가 눈 깜짝할 사이에 지나간다. 그러면서 아이들은 엄마의 관심을 독점하려 한다. 반면에 어떤 아이는 무엇을 저지르거나 말썽을 부려서 엄마의 관심을 끈다. 그것은 소위 부정적 관심이다. 그 관심 끌기가 특별히 위험하거나 문제를 일으키는 것이 아니기를 바랄 뿐이다. 어떤 아이는 부모가 참 싫어하는 것들을 하면서 관심을 끌 때도 있다. 지저분한 것을 만진다거나, 위험한 동작을 한다거나, 하지 말라면 더 하는 것과 같은 것이다.

1 남아는 엄마를 좋아하다가 오이디푸스 콤플렉스를 겪으면서 아빠에게 향한다. 그런데 여아의 경우는 엄마를 좋아하다가 왜 아빠를 좋아하게 되는지를 설명하기 힘들다. 그래서 여성성의 발달에 대한 이론적 근거로 전오이디푸스 단계가 등장한다. 전오이디푸스는 엄마와 아이가 아주 밀접하게 이자적으로 있게 되는 단계다.

사례: 부정적인 관심 끌기

엄마의 관심을 받지 못한 아이가 신발을 입에 물고 돌아다녔다. 그러나 엄마는 아무 일 없다는 듯이 무시했다. 그랬더니 시간이 좀 지나자 아이는 슬그머니 신발을 내려놓았다. 또 엄마의 관심이 집중되지 않으면 "할 테야." "싫어." "아니야." 하면서 마구 떼를 쓰고 울기까지도 한다.

그리하여 아이는 성장하면서 애정을 갈구하게 되는 애정 결핍으로 인간관계가 더욱 어렵게 되기도 한다. 이런 아이는 남들에게 자신을 잘 보이고 인정받기 위해 자신을 더욱 낮추거나 혹은 공격적인 선택을 할 수밖에 없다.

엄마가 아이들의 요구를 어느 정도까지 받아 주어야 하는지, 그리고 그들의 요구에 어떻게 대처하는지에 따라 그 아이가 자라서 자

Tip

관심의 양극성

- 끝없이 도와주고 자극하며 관심을 갖기는 하나 자신이 스스로 선택하는 것에 대해 미흡해하고 두려워하며 끈기(지구력)가 없어진다.
- 스스로 하려는 노력을 박탈하여 자신이 회피하고 게으르게 살도록 한다.

신의 분노를 인식하고 표출하는 방법은 달라질 것이다. 그래서 엄마는 아이들의 욕구를 인식하고 존중해야 한다. 아이들이 원하는 바를 꼭 들어주지 않더라도 인정해 주어야만 한다. 이것이 아이의 기대를 채워 주지 못했을 때에도 아이가 실망한 상황을 극복하는 힘이 될 수 있다.

아이가 세 살쯤에 "할 테야." "싫어." "아니야!"라고 말할 때마다 엄마(돌보는 이)가 들어주고, 뛰고 소리 지르고 부수고 어지르고 문을 꽝 닫아도 그냥 내버려 둔다면 어떨까? 아마도 아이는 "그만두지 못해!"라는 소리를 듣지만 진실로 그러는 것이 아니라는 것을 안다. 아이는 어른이 실제로 끝까지 그만두게 하지 않는다는 것을 잘 알고 있기 때문이다.

그리고 엄마는 때때로 아이 앞에서 위축되고 무너지는 모습을 보이면서 아이가 자신을 지치게 한다고 말한다. 더 심할 경우 엄마는 절망적으로 눈물을 흘리며 털석 주저앉기도 한다. 이러한 것들은 아이가 '나는 아주 강하고 세상은 약해서 모든 것이 너무 쉽게 무너진다.'는 생각을 갖게 할지도 모른다. 어쩌면 아이는 자신이 괴물이라고 생각할지도 모른다.

상처 입고 희생당하는 역할을 맡은 엄마는 실제로 아이들에게 박해를 받게 되고, 그 결과 아이는 자신이 엄청난 힘을 가진 괴물이라는 느낌을 갖게 된다. 이러한 아이들에게는 분노가 개인적인 특성으로 너무 쉽게 자리 잡게 된다.

아이는 주위의 관심을 끌기 위해 때로는 거짓말을 하기도 한다. 이럴 때 아이의 거짓말에 너무 예민하게 반응하지 않는 것이 좋다.

유아기에 나타나는 한두 번의 거짓말을 너무 심각하게 받아들일 필요는 없지만, '세 살 버릇 여든까지 간다.'는 속담처럼 습관적인 거짓말이나 특정 상황에서 자주 나타나는 거짓말은 빨리 바로잡아 주는 것이 좋다.

특정 행동과 거짓의 원인을 찾기 위해 아이에게 다가가 아이의 관심사와 그럴 수밖에 없었던 사정 이야기를 끌어내게 해 주어야 한다.

6. 아이는 엄마를 그대로 본받는다

자식이 잘되기를 바라면서

욕심껏 잘해 주는 것은

결국 내가 원하는 방식대로

자식이 잘되길 바라는 것이다.

아이들은 부모를 그대로 본받는다. 아이를 잉태한 순간부터 그리고 세상에 눈을 뜨면서 부모로부터, 가정으로부터 가르침을 받기 때문이다. 그래서 그게 진실이고 모범 답안이 된다. 마치 스펀지를 검은 잉크에 집어넣으면 검은색이 자연스럽게 스며드는 것과 같은 이치다. 그래서 아이를 가진 엄마는 늘 진실만을 양심적으로 가르친다. 아이는 엄마의 뱃속에서부터 배우기 시작한다.

Tip
엄마가 놀라면 태아도 놀란다

태아를 관찰한 실험에 따르면, 엄마와 태아를 잘 볼 수 있게 초음파로 태아를 스크린에 비추어 심장 박동을 측정하는 장치를 해 놓고 엄마에게 눈을 감으라고 한다. 엄마의 눈앞에 갑자기 거울을 들이대며 눈을 뜨라고 요구한다. 엄마는 갑자기 나타난 자신의 모습을 보고 놀란다. 이때 실험자는 스크린 속의 태아를 관찰한다. 수초 후에 태아는 놀란 듯 갑자기 태동이 심해지고 심장 박동이 급격하게 빨라지는 현상을 보인다.

이 실험이 우리에게 보여 주는 것은 엄마가 놀랐을 때 태아도 놀란다는 것이다. 이렇게 태아에게도 감정이 있으며, 인격의 발달은 이미 태아 때부터 시작한다는 것을 알 수 있다. 그리고 손상 경험의 영향은 어른이 되어서 겪는 것보다 엄청나게 클 것이다. 옛 어른들이 태교를 강조한 이유가 여기에 있다. 무엇보다도 엄마의 뱃속에서는 진실만을 가르쳐 왔고, 그것을 경건한 마음으로 성실하게 양심적으로 지켜 왔다. 그 이유는 진실보다 더 좋은 교육 수단이 없기 때문이다.

아이는 시각, 청각, 후각, 미각 및 촉각의 오감과 무의식에서의 발현인 육감에 따른 자연의 방식대로 영적 세계로 교육을 받았다(주님이든, 천주님이든, 부처님이든 또는 각자가 믿는 신이든, 종교가 없는 사람은 조상이나 나름대로 믿거나 존경하는 인물에 의해서든). 즉, 아이는 자연에서 잘 보고 듣는 만큼 깊이 느끼고, 냄새 맡고, 깊이 맛보고, 몸에서 느끼는 감촉 그대로 따라 배우는 존재다. 그래서 아이는 가장 먼저 모태로부터 눈으로 보고 귀로 듣고 살갗으로 느끼고 가슴으로 받아들인다.

우리의 삶에서 첫 선생님은 과연 누구인가? 그리고 가장 유능한 선생님은 누구인가? 뱃속의 아이가 여자아이든 남자아이든 그 아이를 가르치는 첫 선생님은 바로 엄마인 것이다. 그 아이에게 누가 걸음마를 가르치는가? 바로 엄마다. 아이가 태어났을 때 엄마는 진실만을 가르치기 때문에 세상에서 제일 유능한 선생님이다. 천 명의 좋은 선생님보다도 엄마가 하는 교육이 더 훌륭한 교육일 수 있다. 태초로부터 아이가 배우는 언어, 행동, 모든 것이 엄마의 언행에 달려 있다. 그 엄마는 바로 우리의 엄마인 것이다. 남자가 그 일을 하는 경우는 극히 드물었다.

우리가 자연에 씨앗을 심는 것, 즉 세상 이치도 마찬가지다. 감자를 심을 때 작년에 남은 씨감자를 잘라 땅에 심는다. 그 씨감자는 인간의 정자와 같고 땅은 인간의 난자와 같다. 난자인 땅에서 정자인 씨감자가 자란다고 했을 때 씨감자가 완전하고 건강한 감자가 되는 것은 얼마나 좋은 옥토냐에 따라 달려 있다. 좋은 감자란 그 땅의 토질에 달려 있다 하겠다(예를 들면, 각 지방의 특산물이 그러하다 하겠다). 좋은 땅에서 좋은 싹이 트기 때문이다. 여자가 아이를 임신하듯, 좋은 땅은 씨감자를 매일 건강하게 키운다. 우리의 삶도 이렇게 자연의 이치로 살아왔다. 좋은 엄마가 좋은 아이를 키우는 것이다. 세상 이치의 그 으뜸에는 바로 엄마라는 존재가 있었다.

7. 우리 엄마 성격 좀 고쳐 주세요

자신의 마음속을 잘 들여다보라.

왜냐하면 인생의 모든 문제는

바로 거기에서 나오기 때문이다.

실제로 '참부모' 교육 프로그램이나 평생교육원 강의에서 엄마들에게 자주 듣는 말이 있다. "우리 아이 버릇 좀 고쳐 주세요. 아이 성격이 엉망이에요." 이것은 아이의 성격 문제가 심각한 것 때문이 아니다. 엄마의 마음속에 내재해 있는 성격 문제를 아이가 꼭 빼닮은 것이다. 엄마가 세상을 바라보는 마음이 어떤가에 따라 아이의 마음은 갖가지 색으로 물들게 된다. 엄마의 마음이 기쁘면 아이의 마음은 기쁨의 물이 들고, 세상을 바라보는 마음도 기쁨으로 가득할 것이다. 잉태하는 순간부터 아이는 자연스럽게 그 부모를 닮는 것이다. 특히 어린아이는 아빠보다는 엄마의 영향을 더 크게 받는다. 그러다가 만 10세 이후가 되면 엄마보다는 힘과 명예를 가진 아빠의 영향력이 점점 더 커지게 된다. 사회생활에서도 힘의 논리, 직위와 같은 것이 반영되는 것이다. 그래서 부모의 삶은 아이의 심성을 형

Tip

물고기와 인간은 어떻게 다른가

물고기와 인간의 다른 점은 무엇인가? 희로애락의 감정은 물고기에게도 있다. 편안함에 기뻐하고, 눈앞의 이익을 탐하며, 강한 적을 두려워한다. 인간도 똑같다.
그러나 물고기에게 염치와 부끄러움, 사양할 줄 아는 마음이 있는가? 인의예지가 있는가? 없다.
이것이 인간과 물고기의 다른 점이다. 만약 인간에게 이런 마음이 없다면 인간이 미물과 무엇이 다르겠는가?

성하는 가장 기본적인 모델링(modeling)이 되는 것이다.

부모가 실천도 안 하면서 아이를 데리고 와서 "선생님, 이 애 좀 어떻게 고쳐 주세요."라고 한다. 아이가 정말 잘되기를 바란다면 아이를 향한 지금의 관심과 기대치를 조금만 낮추어 보자. 그리고 그 낮추어지는 기대만큼 자신과 부부, 부모에게 되돌려 주었으면 한다. 그렇게 되면 아이들의 내면이 더 크게 성장할 수 있을 것이다.

엄마는 자신의 내면을 들여다보고 아이를 위해 자신의 미성숙한 부분을 먼저 치유하여야 한다. 엄마는 아이를 가슴에 안고 아이와 눈을 마주쳐 주며 사랑으로 키워야 한다. 그래서 아이에 대한 일차적인 책임은 엄마에게 있다.

그러니까 엄마는 아이를 야단부터 칠 것이 아니다. '네가 이렇게 해서 이렇게 되었구나! 내가 마음을 잘못 써서 이 아이 성격이 이렇게 형성되어 힘들어하는구나.' 하고 자각하여 엄마 자신의 마음부터 치료하여야 한다. 엄마가 자신의 '사고되지 않은 앎'을 '사고된 앎'으로 변환시키는 것이다. 그렇다면 엄마의 사고되지 않은 앎을 사고된 앎으로 바꾸는 것은 무슨 가치가 있는가? 엄마가 자신을 고치는 것은 자신도 편안해지고 아이의 내면을 건강하게 성장시킬 수 있는 지름길이며 부작용도 없기 때문이다. 이런 엄마는 자신을 위한 꾸준한 심리치료가 필요하다.

엄마가 심리치료를 하게 되면 그만큼 심리적으로 건강하고 안정감을 가지게 된다. 사고되지 않은 앎이 많다는 것은 무엇인가? 그것은 심리 내면에 더 취약함을 가지고 있고, 그만큼 미발달된 상태에 머무르게 되고, 그만큼 억압된 많은 내용에 지배되고 있다는 것을 의미한다. 그러니 엄마가 먼저 치료되어야 아이의 내면이 건강해지고 가정이 화목해지고 이 세상이 아름답게 변해 가는 것이다.

사람이라면 누구나 자기 몫에 대한 책임이 따른다. 자기를 다루는 것은 자기야말로 모든 일의 주체이기 때문이다. 마음을 따르지 말고 마음의 주인이 되어야 한다. 내가 나의 인생을 스스로 사는 것이지 그 무엇에 내 삶을 지배당해서는 안 된다. 스스로 언행을 실천하고 노력하여야 한다. 스스로가 힘들면 '참부모' 교육과 같은 각종 프로그램에 참여하거나, 의지하는 각자의 종교에서 수행을 하고 더욱 정진하는 것도 바람직한 한 방법이다. 그러면 아이는 당연히 엄마의 본을 받고 그것이 습으로 이루어진다.

엄마들이여! 아이는 당신이 먹는 마음도 함께 먹는다는 것을 기억하라.

엄마들이여! 자신의 고집, 자신의 착각으로 범벅이 된 자기 마음을 내려놓고 마음 씻기부터 하자.

엄마들이여! 내 마음의 렌즈를 세상의 어느 방향으로 향하게 할 것인가?

8. 폭력을 목격한 유아기 경험

백문이 불여일견(百聞不如一見)

백견이 불여일행(百見不如一行)

백 번 듣는 것보다 한 번 보는 것이 중요하고

백 번 보는 것보다 한 번 행하는 것이 중요하다.

아이의 눈에 부모의 행동은 강한 교육이 된다.

아이들의 성장과정에서 나쁜 영향을 미치는 것으로는 TV 드라마나 예능, 영화, 전자 게임 등 다양하다. 드라마를 보면 주인공이 이성 친구와 헤어지고 나서 술을 잔뜩 마시고 주먹으로 유리창을 깨거나 물건을 집어던지거나 책상 위에 놓인 물건을 다 밀쳐서 떨어뜨리는 것을 보게 된다.

문제는 뭔가 안 좋은 일만 생기면 서로 소리 지르고 싸우고 공격적인 행동을 하는 등 이런 현실적인 분노의 모습은 무차별 살상을 하는 액션영화의 비현실적인 폭력 장면보다 더 나쁜 영향을 미친다는 것이다.

서로 상대방을 헐뜯고 상처를 주는 모습을 보며 옆에서 박수를 치고 웃으면서 좋아하는 예능 프로그램은 더욱 걱정스럽다. 자라나는 아이들이 그것을 보고 분노만 내재시키는 것은 아닐까? 남에게 상처를 주어도 괜찮다는 잘못된 생각을 갖게 할 수도 있기 때문이다.

소리 지르고 화를 내는 폭력의 대상은 제일 먼저 가족으로부터 시작된다. 그 폭력의 가해자는 충동적으로 폭력을 휘둘렀다고 말한다. 그러나 그것은 그렇지가 않다. 그들이 가족을 자신의 소유물로 여기기 때문이다. 가해자는 가족이 무조건 자기 의견에 따라 노예처럼 움직여야 한다고 생각한다. 그렇지 않으면 폭력을 행사한다. 대체로 이런 가해자의 특성은 자기 비위에 거슬리는 일이 생기면 술을 마신 상태에서 구타하는 것이다.

이런 가해자로부터 구타당하고 욕설을 듣고 자란 아이는 또래 집단 내에서도 폭력의 대상이 될 확률이 높다. 또 그들이 성인이 되어 결혼을 하면 자신의 배우자나 아이에게 폭력을 휘두를 가능성이 높다. 결국 폭력은 폭력을 대물림한다. 부모가 다른 사람에게 폭력을 가하는 것을 보면서 자란 아이는 자신의 공격성을 긍정적으로 활용하지 못하게 된다. 공격성이 고통이나 파괴와 동일하다는 경험을 하였기 때문에 공격성을 피하기 위해서라면 무엇이든 다 하게 되지 않는가? 이들은 종종 무의식적으로 자신의 부모 같은 어른이 되지 않겠다고 결심한다. 실로 치명적인 결심이다. 이런 결심으로 인해 훗날 분노와 공격성에 대한 적절한 대응 방법을 찾지 못하기 때문에 그 분노를 특정인이 아닌 일반 대중을 상대로 표출하게 되는 것이다.

사례: 폭력을 목격한 유아기 경험

친정엄마가 친정아버지에게 폭력을 당하거나 지나치게 고생하는 상황을 목격하고 자란 여성 내담자의 경우, 친정어머니에 대한 연민 때문에 결혼생활에서 많은 문제를 유발하기도 한다. 무기력한 부모에게 양육된 자녀는 자신의 아동기에 누려야 할 권리를 누리지 못하고 많이 억제하고 억압하는 애늙은이의 삶을 선택하는 경우가 많다.

만약 이런 사례에 해당하는 어머니라고 한다면 아이를 낳기 전에 자신의 내면세계를 먼저 분석해 볼 필요가 있다. 만약 혼자서 힘이

든다면 전문가의 도움을 받는 것도 좋은 방법이다. 그래서 예전에는 신부 수업을 하기도 했다. 이제는 신부 수업이라는 말도 사라진 지 오래다. 예를 들어, 아이를 기준으로 한다면 결혼 후에 10년 동안 심리치료하는 것보다는 결혼하기 전에 1년이라도 치료하는 것이 훨씬 더 큰 영향을 준다. 마찬가지로, 결혼하기 전에 한 달이라도 자기 찾기를 해 보는 것이 결혼한 후에 1년 치료하는 것보다 낫다.

이것은 잡초의 싹이 보일 때 호미로 긁어내는 것보다 풀이 모두 자란 뒤에 뿌리를 뽑아 내는 것이 몇 갑절 힘든 것과 같은 이치다. 그래서 아이를 키우는 데 태교는 무엇보다 중요하다. 임신기간 10개월 동안 엄마의 마음가짐과 행동은 아이가 성장할 때까지 그 아이의 전체 로드맵 구도를 다 짜는 것이다. 그래서 10이라는 숫자가 중요한 것이다. 그런데 어느 시점이든 그것을 아는 때가 가장 빠르다. 지금이라도 아이를 조금씩 변화시키려면 지속적으로 실천하고 자신의 내면을 찾아보는 교육이나 연수를 한 번 받아 보는 것도 좋을 것이다.

9. 엄마의 마음이 곧 아기의 마음이다

여합부절(如合符節)[2]

엄마와 아이의 마음은 여합부절처럼 진행된다.

2 부절을 맞추는 것과 같다는 뜻으로, 꼭 들어맞아 조금도 틀리지 않음을 이르는 말

분리불안(separation anxiety)은 엄마에게서 떨어지거나 버림받게 되지 않을까 하는 유아가 갖게 되는 불안이다. 이는 생후 10~18개월쯤 나타나기 시작하는 것으로, 자신과 애착관계를 유지하게 된 대상과 떨어지게 되면 불안해지는 것이다. 더 나아가 부모의 사랑과 인정을 받지 못할까 하는 심리적인 불안과도 연관이 있다.

세상의 첫 대면이자 생명줄인 엄마는 곧 나의 신(神)이다. 그런 신과 같은 엄마가 곁에서 멀어지면 죽음을 연상하게 되어 태아의 무의식에서는 분리불안이 소생된다. 또 유아는 생존을 위해 자신을 지켜주는 대상인 엄마(돌보는 이)와 떨어지게 되는 것을 매우 두려워한다. 이것이 분리불안이다. 그래서 그 엄마(돌보는 이)와의 관계를 유지하면서 생존을 유지하려는 본능이 있는 것이다. 시간이 지남에 따라 점차 그 대상으로부터 독립해서 생존하여 살아가는 것을 배우게 된다.

그런데 분리불안이 심해지는 것은 주변 환경으로부터도 많은 영향을 받는다. 부모가 부부싸움을 하거나 아프거나 치료를 받는 경우, 엄마가 새로 직장에 다니게 되는 경우, 이사나 전학을 가는 경우, 특히 동생이 생기는 경우도 아이의 분리불안을 자극할 수 있다.

아이들을 키울 때 대체로 동생이 생기면 엄마가 맏이를 유치원이나 놀이방에 보내는 경우가 많다. 그러면 맏이의 입장에서는 동생 때문에 엄마의 사랑과 관심을 빼앗겨 버린 것이 되어 심리적으로 불안정한 상태가 된다. 게다가 낯선 유치원이나 놀이방으로 떠밀리니까 아이는 더욱 불안하고, 그래서 엄마와 더 떨어지지 않으려고 한다. 애착 대상 옆에 있어야 안심을 하고, 그렇기에 학교나 친구 집에도 잘 가지 않으려 할 수 있다.

지금 당신의 아이를 가만히 보라. 당신이 결혼한 후에 자신의 심리 내적 상태가 어땠는지, 아기를 가졌던 시점의 심리 상태는 어땠는지, 뱃속에 있을 때 어떻게 키웠으며 어떻게 교육시켰는지, 임신 중에 어떤 크고 작은 일이 있었고, 출산 이후부터 적어도 세 살 때까지 어떤 방법으로 키웠는지, 그리고 아동기에는 어떻게 키웠는지를 생각해 보라. 그러면 아이가 왜 그렇게 마음을 쓰는지 알 수 있을 것이다. 결혼 후부터 임신, 출산 그리고 지금까지 일어났던 일들을 까마득하게 잊고 있었기 때문에 자기 아이가 왜 자꾸 저러느냐고 생각하는 것이다. 엄마의 말 한마디가 아이를 성공으로 이끌 수도 있고, 생각 없이 내뱉는 말 한마디 때문에 아이는 죽고 싶은 충동을 느낄 수도 있다.

만약에 엄마가 출산 후 1년 동안 심한 산후우울증을 앓았다고 한다면 아이는 신뢰감을 제대로 형성하지 못했을 가능성이 크다. 이는 엄마의 우울이 곧 아이의 우울로 연결되기 때문이다. 또 자기를 진정시킬 수 있는 정서 조절 능력이 크게 약화될 가능성도 있고, 친밀감에 대한 갈등이 야기될 수도 있다. 그렇기 때문에 임신에서 출산 후 약 3년간은 아이에게 대단히 중요한 시기다. 그래서 아이가 어릴 때는 엄마가 키우는 것이 제일 좋다고 하는 것이다.

옛날 어르신들은 아기를 가졌을 때 나쁜 짓을 보지 못하게 하고 나쁜 소리를 듣지 못하게 했다. 그래서 시집 가는 딸에게 엄마는 '귀머거리 삼 년, 벙어리 삼 년, 장님 삼 년'이라고 가르쳤다. 나쁜 것을 말하지도 듣지도 보지도 못하게 했다. 그게 다 마음의 상처가 되고 아이에게 나쁜 영향을 주기 때문이다. 그래서 옛날에는 좋은 아이를 낳기 위해서 좋은 날(길일, 吉日)을 택하게 된 것이다.

신경을 쓰면 소화가 잘 안 되는 것처럼, 신체는 마음의 영향을 크게 받는다. 태아가 뱃속에 있을 때에는 엄마 몸의 일부다. 따라서 태아는 엄마의 몸과 마음의 영향을 받는다. 엄마가 화를 내거나 술을 마시거나 담배를 피우면 태아에게 나쁜 영향을 주게 된다. 또 부부 갈등이 생겨서 괴로워하고 심지어 자기 맘에 안 들어 아기를 지워 버리려고 마음먹는다면, 뱃속에 있는 태아도 살의를 느끼게 되며 버려질까 두려워하고 불안해한다. 이런 상황에서 태어난 아기는 어른이 되어도 늘 두려움이나 불안감을 갖게 되거나 심한 우울 증상을 나타내는 경우가 많다. 그래서 어른들은 뱃속에 아기가 있을 때 태교를 잘하라고 하는 것이다. 엄마가 마음을 어떻게 가지느냐에 따라 아기에게 미치는 영향이 달라지기 때문이다.

그런데 엄마가 불안하며 초조하게 된 원인 제공자는 아버지일 가능성이 많다. 아버지가 술 마시고 늦게 들어오거나 행패를 부리거나 강요만 하거나 바람을 피운다면 임신한 엄마는 뒤늦게 결혼을 후회하거나 불안해하고 심지어 아기를 지울 것인가 하는 걱정을 하게 될 것이다. 그렇게 되면 아기는 두렵고 불안할 수밖에 없다. 또 어떤 시어머니는 좋은 손자를 낳아 달라고 하면서도 며느리를 힘들게 하기도 한다.

그렇더라도 최종 책임은 누구에게 있는가? 바로 엄마에게 있다. 마치 아이가 위험에 처하면 부둥켜안고 자기 몸으로 대신 막듯, 엄마는 이런 악조건을 대신 막아 내야 한다. 그런데 보통은 그냥 덩달아 싸우느라 아이를 제대로 보호해 주지 못한다. 이렇듯 많은 아이가 엄마로부터 진정으로 사랑받지 못하고, 보호받지 못한 채 자라기 때문에 결국은 사랑하는 마음도 부족하게 되고 근본적으로 사람을 신뢰하지 못하게 되는 것이다. 이처럼 자라는 환경에서 갈등 요인이 생기면 아이는 버려질까 봐 두렵고 불안해한다.

그래서 태교는 정말 중요한 것이다. 엄마의 마음이 곧 아기의 마음이기 때문이다. 모든 일은 마음이 근본이다. 마음에서 나와 마음으로 이루어진다. 우리는 엄마의 품에서부터 자신과 함께 있는 법과 타인과 함께 있는 법을 배운다. 자신과 함께 있지 못하는 사람은 당연히 타인과도 함께 있지 못한다. 자신과 함께 있다는 것은 스스로에게 정직하고 솔직하다는 뜻이 아닌가? 생애 최초로 정직한 마음을 길러 주는 것은 바로 부모의 몫이다.

아이는 주위의 물건을 만지거나 만드는 게 처음이기 때문에 실수를 연발한다. 이때 부모가 "안 돼!" 하며 화를 내거나 "위험해, 만지지 마!" 하며 목소리를 높혀 과잉보호를 한다면, 아이는 마치 전기충격을 받은 개처럼 점차 자신감을 잃게 된다.[3] 아이가 "안 돼!" "틀렸어."라는 말을 많이 듣고 자라면 아이에게는 죄책감[4]이 생긴다.

---

3 개를 우리 안에 가두고 버저가 울릴 때 강력한 전기 충격을 가했다. 그러자 개는 큰 소리로 울부짖으며 우리 밖으로 나가기 위해 안간힘을 썼다. 그 후에도 버저가 몇 번 더 울리고 그때마다 여지없이 고통스러운 전기 충격이 가해졌다. 하지만 어디에도 빠져나갈 구멍은 없었다. 그러자 개는 모든 것을 포기한 듯 바닥에 엎드려 버렸다. 마치 온몸으로 전기충격을 즐기려는 듯 보였다. 나중에는 전기 충격을 가하지 않고 우리의 문을 열어 주었다. 개에게 빠져나갈 출구를 마련해 준 것이다. 하지만 개는 빠져나가려고 하기는커녕 더 바짝 엎으려 몸을 벌벌 떨면서 신음 소리를 냈다. 이처럼 원래는 충분히 빠져나갈 수 있는 고통스러운 상황을 절망에 빠져 그대로 손 놓고 기다리는 현상을 바로 '학습된 무기력'이라고 한다.

4 죄책감과 같은 감정을 부인하거나 억누르게 되면 더 심해져 압도당하게 되고 무기력 상태에서 살게 된다.

아이는 당연히 세상에 대해서 잘 모른다. 모르는 단계에서 "안 돼!" "틀렸어."라는 말을 많이 듣고 자라면 '내가 하는 것이 다 안 되는 거구나.' '틀렸구나.'라고 인식해 버린다.

그리하여 아이는 죄책감이 생기고, 용기가 없어지고, 자신감이 떨어진다. 또 시간이 지날수록 부모가 원하는 이른바 '말 잘 듣는' 아이가 될 것이다. 왜냐하면 이런 아이는 화를 면하기 위해 아무것도 만지려 하지 않고, 만들려고 시도하지도 않으려 하기 때문이다. 이미 아이의 마음속에는 열등감의 씨앗이 깊이 박혀 버리게 된다. 이러한 상황을 원하지 않는다면 아이에게 늘 도전할 기회를 열어 주고, 성공했을 때는 칭찬을, 실패했을 때는 격려를 아끼지 말아야 한다. 만약에 아이에게 "안 돼."라는 말을 하고 싶으면 먼저 "네가 이렇게 하고 그렇게 하면 이렇게 된단다."라고 미리 이야기를 해야 한다. 그리고 그것을 보여 주는 것이다. 그다음에 잘못된 것은 설명을 해 주고 "그럼 이렇게 하면 어떻게 될 것 같니?" 하고 묻는 것이다. 이것이 바로 심리치료다.

또한 아이는 벌이나 꾸중을 피하기 위해 거짓말을 하는 경우도 있다. 이럴 경우 부모는 아이가 잘못된 행동을 할 때에 어떤 태도를 취해 왔는지를 곰곰이 되새겨 보아야 한다. 예를 들면, 아이는 화분을 깨뜨리거나 동생과 싸우는 등의 행동을 했을 경우 부모로부터 심한 야단을 맞은 경험이 있을 것이다. 그러면 아이는 그 경험과 비슷한 상황에 닥쳤을 때 과거의 두려운 기억 때문에 무의식적으로 거짓말을 하게 된다.

사례: 실수로 인한 지울 수 없는 상처

부모: 야, 너 또 컵 깼니? 너 도대체 왜 그래?

아이: 컵이 떨어졌어요(얼버무리거나 거짓말을 한다).

부모: 지난번에도 깨고, 도대체 넌 하는 것마다 왜 그 모양이야?

아이: 죄송해요.

부모: 공부도 못하는 게 날마다 사고만 치고 다녀. 난 너만 보면 한심해.

이 사례에서의 문제는 엄마가 아이에게 컵을 깨뜨린 실수에다 엄마 자신의 감정까지 전이시킨 것이다. 이와 같이 아이가 잘못을 했을 때 엄마가 흥분하여 소리를 지르거나 화부터 내게 되면 아이는 진실을 고백할 기회를 박탈당하게 된다. 게다가 엄마는 아이에게 개인적인 감정을 보태거나 수치심을 느끼는 말이나 무시하는 말을 해서도 안 된다.

게다가 엄마는 아이가 자신이 한 실수를 부인하게 만들어서 아이의 마음에 지

울 수 없는 상처를 남길 수도 있다. 아이가 실수를 하게 되면 잘못된 것은 아이 자신이 아니다. 잘못된 것은 그 아이의 행동이라는 점을 분명히 해 주어야 한다. 특히 부모는 아이가 느끼고 있는 두렵고 부끄러운 마음을 '있는 그대로' 자유롭게 표현할 수 있는 기회를 주어야 한다. 그리고 아이에게 잘못을 솔직하게 말하는 용기 있는 태도를 칭찬해 주어야 한다.

사례: 있는 그대로 자유롭게 표출하기

부모: 저런, 컵이 깨졌네. (가급적 온화하고 부드럽게) 어디 다치지는 않았니?

아이: 컵이 미끄러졌어요.

부모: (아이의 대답을 들어 본 다음) 그렇구나. 컵이 손에서 미끄러져서 깨졌구나. 많이 놀랐지? 다음에는 컵을 잡을 때 이렇게 두 손으로 잡아 보렴.

아이가 자신의 실수를 인정하는 것을 불안해하지 않고 솔직하게 털어놓을 수 있게 해야 한다. 솔직하게 말한 이런 경험을 가진 아이가 성장할수록 더 진실하고 도덕적인 삶을 살며, 사회에 나아가 이끎과 베풂을 실천하는 어른으로 성장할 수 있다. 아이에게 정직한 마음을 길러 주는 것은 바로 어른들의 몫이다. 그중에서도 특히 엄마의 역할이 크다.

엄마여! “그때 그렇게 했었더라면 좋았을 것을…….”

이미 때는 늦었다!

제3장

생애 처음으로 사랑과 상처를 주는 사람은 부모다

삶에서 자신에게 버림받는
불안과 두려움은
외면하는 엄마에게서
받은 상처로부터 발생하게 된다.

1. 적어도 아이가 세 살이 될 때까지는 엄마와 함께

나는 기도한다.

부드러운 비가 내릴 것이며, 곡식이 아름답게 자라

좋은 결실을 얻을 것이고,

나의 가족과 친구들에게 훌륭한 양식이 되어 줄 것이라고,

눈으로 보고 귀로 듣고

살갗으로 느끼고 가슴으로 받아들이면서…….

아이가 어릴 때에는 엄마가 아이에게 아무것도 요구하는 게 없다. 엄마는 단지 아이가 건강하게 자라 주길 바랄 뿐이다. 아이가 밥 먹으면서 시끄럽게 굴어도, 자다가 오줌을 싸도 짜증을 내지 않는다. 그게 엄마의 마음이다. 그것은 오직 아이만을 생각하고 예뻐하고 염려해 주기 때문이다. 이렇게 자식을 향한 무조건적이고 헌신적인 사랑이 바로 엄마의 마음이다. 이런 엄마의 마음이 아이의 내면에 로드맵으로 맨 처음 담기는 것이다. 그래서 아이 마음의 가장 밑바닥에 양심이 형성된다. 그러나 이 양심이 제대로 형성되지 않으면 '사람의 탈을 쓴 짐승'이라는 말을 듣게 된다.

우리는 성장기에 여러 가지 상처를 입게 된다. 어렸을 때 부모로부터 사랑을 받지 못하고 자라면 분노라는 마음의 상처를 지니게 된다. 유아는 자신의 고통을 실제로 보고 듣고도 달래 주는 엄마의 목소리가 들리지 않는다면 저항할 것이다. 또 극심한 좌절감과 함께 소리를 지르고 울면서 분노할 것이다. 그 분노는 일반 대중을 향한 무차별적 공격이 될 수도 있다. 바로 이 상처가 자신을 정당화하면서 완벽한 논리로 자신을 변명하게 한다. 그러면서 문제의 원인을 다른 사람 탓으로 돌리게 한다.

예를 들어, 아버지가 술을 마시고 행패를 부린다고 하자. 이때 일어날 수 있는 두 가지 반응 중 한 가지는 아버지를 따라 닮는 경우, 다른 하나는 아버지에 대한 반발이 생기는 경우다. 그래서 성인이 되어서 술을 입에도 안 대는 사람이 있고, 반대로 나중에 자라서 아버지처럼 똑같이 하는 사람도 있다.

사람의 마음은 물드는 쪽으로 본을 받으려 하고, 인식은 분별이

있기 때문에 본을 받지 않으려고도 한다. 그래서 이런 환경에서 자라면 나쁘다는 인식은 하면서도 실제 마음은 자기도 모르게 물드는 쪽으로 향하게 되는 것이다.

아이들에게 "우리가 어릴 때는 연필이 귀해서 몽당연필로 공부했다. 그때는 먹을 게 없어서 감자나 고구마로 끼니를 때웠다."라는 이야기를 아무리 해도 소용없다. 왜 그럴까? 부모가 지금 현재 검소하게 살지 않기 때문이다. 그렇기에 아이들은 그게 무슨 말인지 잘 이해하지 못한다. 아이들의 마음속에는 어른들이 생각하는 그런 검소한 로드맵이 담겨 있지 않기 때문이다. 요즘은 감자나 고구마로 끼니를 때웠다는 말을 도무지 이해할 수 없다. 요즘 아이들은 고구마나 감자는 어쩌다 간식으로 먹거나 반찬을 만드는 것이지 끼니를 때

우는 주식이라는 로드맵이 내면에 심어 있지 않기 때문이다. 아이의 내면에는 지금 현재의 어른이 사는 모습만 그대로 박혀 있는 것이다. 아이가 낭비를 하는 건 다 부모를 닮았기 때문이다. 왜냐하면 우리 마음은 평소에 하던 버릇대로 따라가려는 관성의 힘이 강하게 작용하기 때문이다.

사람은 누구나 큰돈이 있다면 그에 맞는 외물(집, 자동차 등)생활을 하고 싶어 할 것이다. 그게 사람의 마음이다. 그러니 아이도 그런 영향을 고스란히 받는 것이다. 아이는 그저 보고 배운 대로 자랄 뿐

Tip

기억되지 않는 유아기 경험

유아기 경험의 심리적 특성은 기억되지 아니한다. 그러나 그것은 없어지는 것이 아니다. 오히려 한 개인의 정신에서 가장 깊은 무의식의 층을 구성함으로써 지속적으로 현재의 감정과 사고에 영향을 미치는 요소가 된다.

유아기 이후의 경험들은 세월이 흐르면서 자연스럽게 잊혀지기도 하고 억압되어 무의식으로 들어가기도 하지만 대부분 그 기억을 되찾을 수 있다. 그러나 기억의 형태로 되찾아질 수 없는 유아기 경험이야말로 쉽게 해결될 수 없는 문제인 것이다.

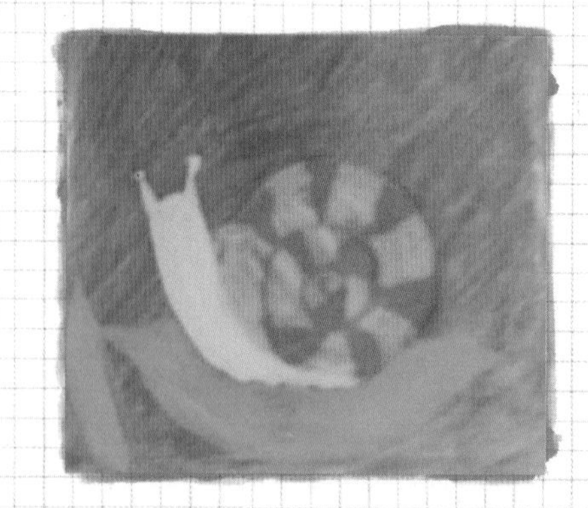

이다. 특히 유아는 세상을 볼 때 각자의 마음이 보고 싶어 하는 부분만 보고 산다. 오직 아이의 마음의 눈을 통해서 볼 수 있는 한정된 세상은 바로 가장 가까이 있는 부모의 지금 현재의 삶이 밑바탕이 되는 것이다.

유아는 욕구가 충족되지 않을 때 성미가 난폭해진다. 근본적으로 유아는 사회적으로 협동하면서 발달하도록 예정되어 있다. 그러나 그들이 그렇게 하고 안 하고의 문제는 상당 부분 그들의 부모에 의해 다루어지는 방식에 달려 있다.

그러니 어른이 먼저 실천을 하고 자신의 삶을 바꾸지 않는다면 자기 아이들의 잘못을 탓할 자격이 없다. 특히 아이는 엄마의 영향을 많이 받고 자란다. 아이의 내면에 매우 큰 생명력을 주는 사람은 바로 엄마다(옛날 대가족 제도에서는 할머니도 돌보는 이로서 매우 중요한 역할을 했다). 자식을 향한 엄마의 무조건적인 헌신의 마음은 아이의 내면을 형성하게 한다. 유아기 경험의 심리적 특성들을 살펴보면 엄마의 영향을 이해할 수 있을 것이다.

사람의 마음을 병들게 하는 것에는 과거 어릴 적 상처 입은 기억들만이 아니라 기억되지 못하는 상처나 흔적도 있다. 심리적인 문제로 고통을 겪고 있는 내담자의 경우 종종 아무리 그의 삶을 추적해 보아도 그럴 만한 심리적 상처의 사건들이 찾아지지 않을 수 있다. 비교적 안정되고 건강한 가정에서 자란 아이가 왜 불안정할까? 그들은 왜 자신감이 없고 의욕이 없으며 부정적인 사고에 사로잡히는 것일까? 쉽게 이해가 가지 않는다. 이런 경우에 그 심리적 상처가 된 사건들이 대부분 유아기라는 장막에 가려져 있기 때문이다. 그것은 마치 부정적인 일들이 일어나는 작은 암실과도 같은 것이다.

예를 들어, 아기가 잠자는 것을 보고 엄마가 샤워를 하고 있었다. 그런데 아기가 잠을 깨었다. 돌봐 주기를 바라는 아기는 울고 있었고, 엄마는 그 소리를 듣지 못한 채 몇 분이 흘렀다. 엄마가 샤워를 끝내고 나서야 우는 아기를 돌보게 되었다. 그렇게 대수롭지 않게 여긴 바로 그 몇 분 동안이 아기에게는 며칠이나 몇 달이 흐른 것 같은 충격으로 경험될 수 있다는 것이다. 또 아기들이 배가 고프거나 불편해서 울거나 "엄마, 어디 있어요?" 혹은 "내게 와 줘요!"라고 도움을 요청하는 신호로 우는데도 엄마(돌보는 이)로부터 아무런 반응을 얻지 못한다면, 아기는 견디지 못할 정도의 고통을 겪게 된다. 이런 절망적인 좌절은 분노를 부른다.

이런 경우에는 "보살펴 주지 못해서 미안해."라고 해야 한다. 아이가 충분히 위로받고 진정되었다고 느끼게 될 때까지 안아 주어야

Tip
상처 입기 쉬운 유아기 경험

유아의 심리는 매우 상처 입기 쉬운 상태다. 유아는 잠깐 동안의 안정감 상실이나 좌절에도 극도의 민감한 반응을 보인다. 그것은 유아가 자신의 심리적 평정심을 유지시킬 만한 내적 구조가 형성되지 않았기 때문이다. 그뿐 아니라 외적 침범으로부터 자신을 방어할 수 있는 방어 체제가 발달되지 않았기 때문이다. 그래서 유아들은 어른의 입장에서 보면 대수롭지 않은 자극에도 늘 상처를 입기도 한다.

한다. 부드럽고 포근하게 안길 수 있는 엄마 품이 되어야 한다. 따라서 유아를 돌보는 사람은 어쩔 수 없이 유아에 대한 헌신을 요청받는다. 이 헌신적인 사랑과 돌봄을 바탕으로 해서 유아는 한 사람의 건강한 인격체로서 한발 내딛을 수 있다.

2. 최초의 연금술사는 엄마다

나는 너를 한눈에 찾을 수 있다.

나는 너를 한눈에 알아볼 수 있다.

엄마 눈에는 아무것도 안 보이고 너만 보이더라.

만혼이 되었어도 아직 결혼하지 않는 내담자들에게 그 이유를 물어보면 많은 사람이 어릴 때 부모가 갈등을 일으킨 것에서 큰 영향을 받았다고 한다. 만약에 아이가 늦도록 결혼하지 않고 결혼에 부정적이면 부모가 반성을 좀 해야 할 듯하다. 부모의 갈등만 보고 자란 아이들은 그때 받은 마음의 상처 때문에 결혼 적령기가 지나도 결혼하지 않는 경우가 있다. 그들은 부모에 대한 미운 감정과 부모에 대한 자식의 도리를 생각하는 양가감정을 갖게 된다. 그렇다 보니 자신에 대한 기본적인 신뢰가 없고 결혼생활에 성공적이지 못할 것 같은 불안감과 두려움 같은 감정이 마음 한구석에 무의식적으로 자리 잡게 되어 결혼을 미루는 경우가 많다.

부부 사이에 갈등이 생겼을 때 아내가 어린아이 앞에서 남편을 욕하는 경우도 있고, 어떤 때에는 자신의 감정을 남편이나 시부모님에게 투사해 버린다. 예를 들어, 자신의 감정을 남편에게 투사하면 아이들 입장에서는 아버지가 나쁜 사람이 된다. 이런 부정적인 감정은 어머니가 아이들의 심상에 심어 준 것이다. 아이는 어떤 것이든 최초의 기억을 믿으려 한다. 그것은 의식적 차원에서 이루어지기보다는 거의 본능적이고 무의식적으로 이루어진다.

세월이 흘러 학창 시절에 사회를 경험하면서 어머니의 말이 타당성이 없음을 깨닫게 되면 그때부터는 어머니에 대한 감정이 부정적이고 신뢰할 수 없게 된다. 그래서 청소년기에는 어머니의 명령을 거절 또는 거부하기 시작한다.

이처럼 아이가 어렸을 때에는 어머니가 아이의 감정을 조절하는 매개체 역할을 하게 된다. 아이를 가장 잘 아는 사람은 바로 어머니이기 때문이다. 그래서 어머니는 아이 삶의 통로가 되는 것이다. 아이는 생애 초기에 비록 수동적인 무력감으로 어머니의 사랑과 보살핌을 받지만, 한편으로 어머니와 나누는 정서적 교감에 따라 정신이 건강한 모양으로 탄생하는 것이다.

따라서 어머니는 아이의 신뢰와 불신, 만족과 불만족, 긍정과 부정, 안전과 위협, 쾌감과 억제의 감정을 결정하는 중요한 매개체 역할을 하게 된다. 어머니는 아이에게 만족감을 주기도 하고 불만족감을 주기도 한다. 이것을 프로이트는 리비도(libido)와 타나토스(tanatos)라고 하였다. 아이는 이런 리비도와 타나토스를 통해 어머니와 정서적 상호작용을 하게 된다. 이런 과정에서 아이가 어떻게 수용하느냐에 따라 아이의 내면에 신뢰와 불신 등이 형성된다. 이런 점에서 본다면, 멜라니 클라인(Melanie Klein), 도널드 위니콧(Donald Winiccot), 하인즈 코헛(Heinz Kohut), 에릭 에릭슨(Erik Erikson) 등의 말처럼, 어머니는 아이의 정신을 탄생시키는 연금술사다.

3. 모태에서 버림받은 아이는 세상을 향한 신뢰성을 형성하기가 어렵다

같은 곡이라도 연주자의 마음가짐에 따라 격조가 달라지듯,

엄마의 마음가짐에 따라 아이의 사랑은 다르게 표출된다.

엄마가 마음이 가벼워지고 맑은 상태에서 아이를 가지면 뱃속의 태아의 마음도 맑아진다. 아이가 태어난 뒤에는 세 살까지 보고 듣는 것 모두가 그대로 아이의 심성이 된다. 유아기의 아이는 자신의 마음을 혼자서는 어떻게 할 수도 없는 매우 수동적이고 연약한 존재일지도 모른다. 그러나 아이를 가진 부모는 세상의 어느 방향으로 향할까 하는 선택만큼은 부모 스스로 할 수 있는 것이 아닐까?

그런데 우리는 아이를 낳은 뒤에도 죽기 살기로 싸우곤 한다. 뭔가 안 좋은 일만 생기면 서로 소리 지르고 싸우는 공격적인 모습이 아이들에게 좋지 않은 영향을 미친다. 그러나 부모는 아이가 그런 싸움을 보고 듣지 못한다고 여긴다. 부모가 그 정도 수준이라면 아이가 받는 심리적 압박감을 짐작하기 힘들 것이다.

엄마가 직장에 다닌다 해도 아이가 세 살이 될 때까지는 엄마가 직접 키우는 것이 가장 좋다. 직장이 중요한 게 아니다. 휴직을 해서라도 세 살까지는 엄마가 키워야 한다. 그렇지 못할 사정이 있다면 엄마는 언제나 아이를 생각하고 수시로 자신의 목소리를 아이에게 들려주는 것이 좋다. 그래야 아이가 엄마의 목소리와 숨소리로 안정을 찾고 분리불안을 느끼지 않는다.

요즘은 목소리를 녹음해 두는 인형(예: 엄마 찾기 놀이, 술래잡기)도 있다. 그것을 이용해 엄마 목소리를 매일 다르게 녹음해 들려주면 그나마 안정감을 줄 수 있다.

태어나는 순간 아이는 부모로부터 보호받을 기본적인 권리가 있는 것이다. 모태에게 버림받았다고 느끼는 아이가 다른 사람에 대한 믿음, 세상에 대한 믿음이 있을 리가 없다. 그러니 반사회성을 가진

아동과 청소년이 늘어나는 추세이지 않은가? 자기 아이가 보호받을 권리는 팽개치고 여성으로서의 자기 권리만 주장하는 건 모순이다.

한 부모가 낳은 아이의 행동과 부모의 부재로 생긴 심리적 불안으로 인한 공격성을 타인 또는 사회 문제로 뒤집어씌우는 어리석음을 범하지 말자. 오히려 자신이 아이에게 진정한 행복을 주지 못해서 사회 문제를 발생시켰으니 이 사회에 미안함을 가져야 할 것이다.

특강이나 심리치료를 하다 보면 엄마들은 "아이를 꼭 엄마가 키워야 하나요?" 또는 "엄마보다 더 심성과 언행이 올곧은 사람이 키우면 안 되나요?"라고 말한다. 그렇다면 아이를 키울 자신이 없는데 결혼은 왜 했으며 아이는 왜 낳았는가? 또 이것은 그녀 스스로 다른 엄마에 비해 열등하다고 시인하는 것이다. 세상 어떤 경우라 해도 자신을 잉태해 준 엄마를 대신할 만한 돌보는 이는 없을 것이다.

그러나 여건상 아이를 키울 수 없는 상황이라면 할머니나 다른 돌보는 이가 키울 수도 있을 것이다. 가장 좋은 것은 마음에 상처가 없는 사람들이 키우는 것이다. 그래서 옛날에는 왕궁에서 왕자를 양육하고 가르치는 사람을 선정하기도 했다. 그런데 요즘은 그런 사람을 찾기가 힘들다. 요즘 자기 아이도 제대로 못 키우는데 남의 아이를 키우고 싶은 사람이 어디 있는가? 돈 때문에, 보통은 돈을 벌기 위해 할 수 없이 아이를 봐 주는 것이다. 세상이 복잡해지니까 아이 키우는 것도 영업처럼 성행하고 있는 것이다. 그러니 돈을 받고 키워 주는 사람과 제 몸처럼 키우는 부모가 어떻게 똑같겠는가? 아무리 돌보는 이가 잘 돌봐 준다고 해도 어머니가 직접 키우는 것에는 미치지 못한다.

'내 아이라면 나를 닮아야 하지 않을까?' '아이는 엄마의 심성을 닮게 마련이야.' '내 아이인데 다른 사람을 닮으면 이상하잖아?' 그렇기에 자기를 닮아야 하니 아이는 엄마가 키워야 하고, 아이가 자신의 나쁜 점을 닮지 않게 하고 싶으면 자신의 단점을 보완하려고 노력해야 한다. 부모는 아이가 부모를 그대로 본받기 때문에 부단히 노력하고 행하여야 한다. 이러한 노력은 마음 밖에서 찾을 게 아니라 마음 안에서 찾아야 한다. 우선 마음이라는 내 안의 그릇부터 깨끗이 해야 한다. 내 마음속에 담겨 있는 응어리를 하나씩 찾아서 소거해 나가야 한다.

부부가 되면 화를 내거나 서로 마음에 안 드는 모습을 자연히 보게 될지도 모른다. 그럴 때는 서로 자신을 고치려고 노력해야 하는데 그렇게 하려 들지 않으니 문제다. 만약 스스로 고치기가 힘들다면 전문가를 통해 심리치료를 받는 것도 한 방법이 될 것이다.

4. 엄마의 갈등이 곧 태아의 갈등이다

가정 안에서의 논쟁이

서로의 발전과 가정의 안녕을 위한 논쟁이었다면

아이는 건강하게 자랄 것이다.

하지만 상대를 비난하고 학대하였다면

아이는 부정적 자아를 형성하게 될 것이다.

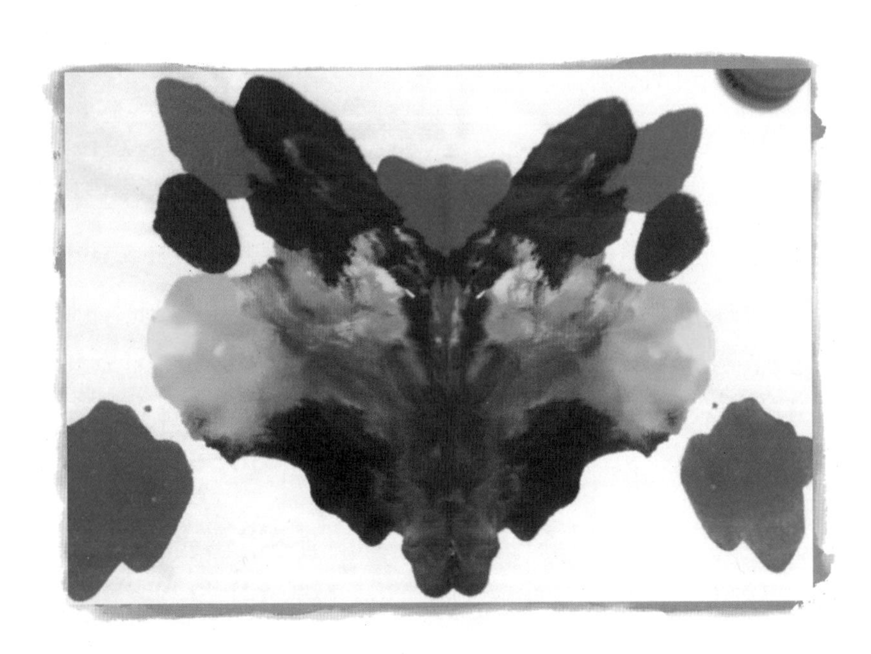

결혼을 계기로 부부 사이에는 남편과 아내라는 호칭이 붙게 된다. 그 호칭이 있기 전까지는 한 남자와 한 여자였다. 남자는 비교적 자존심이 강해서 자신에게 조금만 싫은 말을 듣게 되면 울컥 화부터 내는 성향이 있다. 반면에 여자는 아주 사소한 이벤트와 같은 작은 것에도 관심을 가져 주면 매우 행복해한다.

이러한 남자와 여자의 기본적인 성향만 잘 알아도 서로를 이해하는 데 도움이 될 것이다. 부부가 서로를 잘 이해한다 해도 갈등이 없을 수는 없다. 그러다 보니 부부가 결혼을 하여 아이를 낳기도 전에 서로 미워하고 싸우는 경우도 있다. 그야말로 현실과 허상 사이에서 소용돌이치는 것이다. 그뿐 아니라 서로 사랑해서 아이를 먼저 가지고 나서 어쩔 수 없이 결혼을 서두르는 경우도 많다. 이른바 혼전 임신이다. 이런 경우에 여자는 아이를 지우려고 생각할 수도 있을 것이고, 임신을 숨기고 부끄러워할 수도 있을 것이다. 그리고 이 남자와 아이 때문에 결혼을 해야 하는지에 대해 고민할 수도 있을 것이다.

문제는 혼전 임신을 한 여성의 대부분이 스스로 위축감과 심한 수치심 그리고 죄책감에 사로잡힐 수 있다는 것이다. 죄책감이 도덕이나 윤리를 위배했을 때 느끼는 감정이라면, 사람은 자신의 가치관에 반하는 행동을 하고 있음을 자각할 때 수치심을 느낀다. 그래서 수치심은 타인으로부터 경멸받는다고 느끼는 내적 감정이다. 이 두 가지 감정은 내담자에게 미치는 고통의 정도는 비슷하지만 서로 질적으로 다르다. 그렇기 때문에 치료 개입도 다를 수밖에 없을 것이다.

그런데 왜 부모는 아이의 마음을 맑게 하지 못할까? 많은 임상

실험에서 보면 엄마가 물을 한 잔 마시거나 술을 한 잔 마셔도 금방 태아에게 전달된다. 그리고 긍정적이든 부정적이든 엄마의 마음 자세가 태아에게 즉시 전달된다. 또 태아는 손가락을 빨고 있는데, 입에서 손가락을 뺏을 때 아이는 불쾌한 듯 얼굴을 찡그리지만 다시 손가락을 입으로 가져갈 수 있게 되면 표정이 밝아진다.

이러한 임상적 관찰의 결과는 태아도 쾌와 불쾌의 감정을 느끼고 있다는 사실을 보여 주는 것이다. 태아는 음식뿐만 아니라 엄마가 먹는 마음도 함께 먹는다. 그렇기에 아이를 가졌을 때 부모는 어떤 마음을 가져야 하겠는가? 특히 아이를 잉태한 엄마의 심리적 사고와 안정은 태아의 미래에도 영향을 많이 준다. 분노하는 부모 밑에서 자란 아이는 분노를 일으키기 마련이다.

태아에게 뭘 가르친다는 식의 태교는 별로 좋지 않다. 무엇보다도 엄마의 마음이 밝아야 한다. 그렇지 않고 엄마가 뱃속에 있는 생명을 귀찮다거나 언짢다고 생각하면 태아는 불안과 안정의 욕구 사이에서 갈등을 겪게 될 것이다.

사례: 태아의 갈등에 의한 불안

심한 우울로 학업까지 중단하고 좋다는 병원을 다 전전하며 약 17년 동안 약을 복용하여 치료해 왔던 내담자가 심리치료를 위해 우리 연구소를 찾아왔다.

초기 분석 결과, 그 내담자의 우울 원인은 '그녀의 엄마가 임신을 하고 3개월이 지나 태아였던 그녀를 낙태하려고 하였다는 사실과 삶에 지쳐 죽을 만큼 힘든 자신을 비관하여 삶을 포기하려 했다.'는 사실이었다.

치료 도중에 내담자의 엄마는 그런 사실을 내담자에게 알리고 불안감을 조성한 그때의 사실을 인정하였다. 내담자의 엄마는 울면서 그 시절의 여러 과정과 힘들었던 여건을 이야기하면서 "엄마의 힘듦 때문에 너를 너무 힘들고 불안하게 해서 미안하다."라고 하였다. 내담자는 엄마에게 "엄마, 많이 힘들었겠다."라고 말하였다.

내담자는 그 우울이 엄마에게서 전이된 것임을 알고 나서는 그것이 '자신의 문제가 아닌 엄마의 문제'임을 깨닫게 되었다. 그러면서 치료가 이루어졌다. 내담자는 이처럼 진정한 자신의 삶을 조명해 봄으로써 자신을 보다 새롭게 재확립하게 되었고, 지금은 건강히 서울 모 대학에 재학 중이다.

그래서 아이를 잉태한 엄마는 기뻐해야 한다. 태아에 대해 감사하며 기뻐하는 이유가 그것이다. 불교에서는 남편이 아이를 잉태한 아내의 배에 손을 얹고 명상을 해 보라고 권한다. 예를 들면, "네가 우리에게 와서 너무 감사하고 기쁘단다."라고 실제로 아내의 배에 대고 속삭여 보라. 그러면 아이도 기뻐하고 아내도 기뻐한다. 그렇게 해서 태어난 아이는 지능지수(IQ)도 높고 감성지수(EQ)도 좋을 수 밖에 없지 않을까?

5. 오래된 분노가 나를 망친다

프라이버시와 존엄성이 존중되는 느낌이 소멸되면

수치심과 굴욕감을 불러일으키거나 분노하게 만들 것이다.

어린 시절 자신이 표현하지 못한 분노는 죄 없는 주변 사람들에 대한 범죄를 부른다. 그것은 마치 폭력과 전쟁, 테러에서 야수처럼 자신의 공격성을 발산하는 것과 같다.

사례: 삶의 본능과 죽음의 본능

몇 년 전 자신이 다니는 학교에서 유혈 사태를 일으킨 에르푸르트 시에 사는 학생은 말이 별로 없고 그리 나서지도 않는 학생이었다고 한다. 그 학생은 친구도 없는 외톨박이로 계속 좌절감을 맛보아야 했고, 모든 것을 속으로만 삼켜 버렸다고 한다. 그리고 마침내 치명적인 총기 사건으로 수많은 학생이 사망한 사건이 일어났다.

사건의 배경을 모두 알지 못하기 때문에 여기서 사건이 어떻게 벌어지게 되었는지 판단할 수는 없다. 하지만 누군가 그 학생의 말을 들어주었다면, 누군가 그에게 마음의 상처와 분노를 타인을 해치지 않는 안전한 방법으로 표출하는 방법을 알려 주었다면 그 사건을 막을 수 있지 않았을까?

우리는 남녀가 헤어진 후 가족 전체를 살해했다거나 스스로 목숨을 끊은 사건을 종종 접한다. 어떤 사람은 애인과 헤어진 뒤 옛 애인을 괴롭히고 심지어 생명을 위협하는 스토커로 변하기도 한다. 최

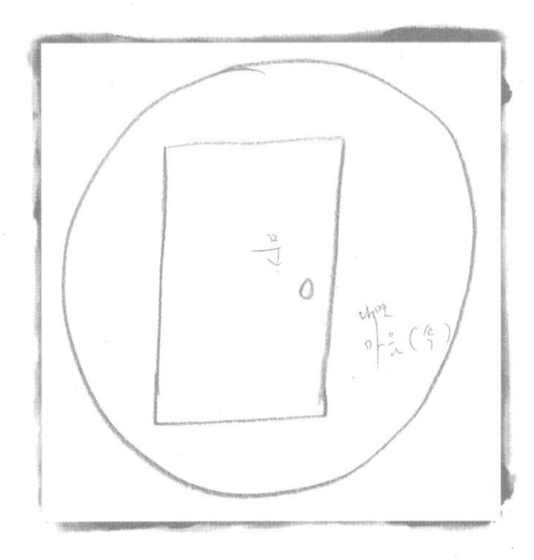

〈부모의 이혼으로 자신의 마음을 닫아 버렸다는 내담자의 그림〉

근에 이런 극단적인 사건이 자주 일어나고 있다.

또 책임이 따르지 않는 미묘한 방법으로 복수를 하기도 한다. 완전히 합법적인 방법으로 타인의 삶을 고달프게 하기도 한다. 예를 들면, 돈과 아이를 놓고 끝도 없이 지속되는 이혼 재판을 볼 수 있다. 이런 경우에는 부부가 자신의 감정이나 상처를 드러내며 직접 싸우는 대신 다른 무대에서 자신의 분노를 터뜨리는 것이다.

마음의 상처는 격렬한 감정을 불러일으킨다. 그래서 사랑이 증오로 변할 때는 매우 위험하다.

6. 모유 먹고 자란 아이

나는 이해받을 수 있어.

내 감정에 대해 누군가에게 말하는 것은 가치 있는 일이야.

나는 결국 헤쳐 나갈 수 있을 거야!

결혼을 하려면 두 사람이 서로에게 맞출 의향이 있어야 하고, 아이를 낳아서 키우려면 그 수준을 더 넘어서 자기 자신을 진실로 사랑하고 가족을 사랑할 준비가 되어 있어야 한다. 그런데 요즘 엄마들은 자기 자신을 진실로 사랑하고 가족을 사랑할 준비가 되어 있지 않은 것 같다. 그저 자기 멋, 자기 생각, 자기 편의에 따라 살려고 한다. 여성의 젖이라는 건 근본적으로 아이에게 모유를 먹이라고 있는 것이다. 그런데 일부 산모는 가슴이 처지고 몸매가 망가진다는 이유로 아이에게 젖도 안 주거나 일시적으로만 주기도 한다. 참으로 서글픈 현실이다. 그저 자신의 모양새에만 신경을 쓴다. 물론 직장에 다닌다거나 하는 사정이 있을 수도 있다. 쉽지는 않겠지만, 법에 보장된 출산휴가를 최대한 활용하라. 그것도 엄마에게 주어진 좋은 기회가 아닌가?

어린아이의 무력감이란 아주 짧은 시간에 일어나기도 한다. 예를 들면, 어느 날은 엄마의 젖이 잘 나오지만, 어느 날은 젖이 잘 나오지 않는다. 일시적으로 젖이 잘 나오지 않아도 아이에게는 그것이 수개월이나 수년으로 느껴질 수 있다. 자신의 생명을 유지해야 하기 때문에 아이에게는 절박한 상황인 것이다. 그렇게 되면 박해불안이 발달될 수밖에 없다. 그만큼 이 시기에는 아이의 자아 구조가 연약하다.

엄마 젖을 만지고 빨아먹으며 자라는 게 아이인데 그걸 못하게 한다면 엄마로서의 자격이 부족한 것이다. 엄마로서 자격이 부족하니 다른 것으로 대신하고 있을 뿐이다.

가장 원초적인 문제는 신뢰성이다. 아이는 엄마 젖을 먹을 때 신뢰성을 형성한다. 엄마 젖을 먹고 자란 아이와 다른 것을 먹고 자란

Tip
생애 첫 자기 대상은 엄마의 젖가슴

아이에게는 생애 첫 자기 대상이 엄마의 젖가슴이다. 아이는 젖가슴에서 나오는 구강의 욕구와 허기를 만족시켜 주는 젖을 통해 젖가슴을 매우 탐스럽고 풍요로운 것으로 체험한다. 그러나 어느 순간 아이는 젖가슴의 체험에서 불쾌한 느낌(불만족)을 갖는다. 이때 아이는 젖가슴이 더 이상 지속적으로 만족을 주지 않음을 알고 무력감을 느끼게 된다.

아이는 차원이 다르다.

내담자들을 분석해 보면, 엄마의 심장이 뛰는 상태에서 젖을 먹고 자란 아이는 불안이 대체로 적었다. 그리고 다른 것을 먹고 자란 아이는 엄마 젖을 먹고 자란 아이보다 사랑이 부족한 경험도 많이 가졌다. 그것은 아이가 젖을 먹으면서 엄마의 심장 뛰는 소리를 듣느냐의 문제와 아이와 눈을 마주치느냐의 문제와 관계가 있다.

상담실을 찾아온 내담자들 중 '아, 고집이 세다.'고 생각되는 내담자들을 관찰한 결과, 약 25% 정도가 모유 수유를 한 사실을 발견할 수 있었다. 그러나 심리치료자는 짐작만으로 내담자를 치료해서는 안 된다. 그런데 엄마 젖을 먹으면서도 고집이 센 경우도 있다. 이것이 의미하는 것은 무엇인가. 엄마가 아이에게 젖은 물렸으나 심장 뛰는 소리를 들려주지 않았다는 것이다. 엄마가 아이에게 젖은 물렸으나 다른 행동으로 일관했다는 것이다. 쉽게 말해, 아이에게 젖을 먹이면서 전화통을 붙들고 짜증스러운 불만을 늘어놓고 있었거나 TV 드라마에 푹 빠져 있었다는 것이다. 또한 엄마가 아이에게 젖을 물리면서 심장 소리도 제대로 안 들려주고 눈도 제대로 맞추어 주지 않았다는 것이다.

연구소를 찾아온 내담자들을 분석하다 보면, 모유를 먹고 자란 아이는 이미 가공된 다른 것을 먹고 자란 아이보다 비교적 끈기가 있고 인내심이 강하여 큰 어려움에 닥쳐도 쉽게 포기하지 않았다. 반면에 다른 것을 먹고 자란 아이는 대체로 쓸데없는 고집이 세고 인내심이 부족하여 힘든 일이 있으면 쉽게 포기하는 경향이 있고 쉽게 분노를 일으킨다는 것을 알 수 있었다.

참부모 교육 프로그램이나 치료사 과정에서는 "요즘 아기가 태어나자마자 모유보다는 가공된 다른 것을 더 많이 먹이기 때문에 아기

〈영아 때 자신의 먹이가 깨져 버린 것 같았다는 47세 내담자의 그림〉

의 구강적인 욕구는 더 만족될 텐데, 그래도 상처가 있을 수 있나요?" 하는 질문을 자주 받게 된다.

아이의 구강을 만족시켜 주는 것은 양이 아니라 아이가 원하는 순간, 즉 내적 긴장과 공포, 불안을 느낄 적에 아이에게 따스함, 포근함, 안점감과 같은 좋은 느낌을 주는 젖가슴이다. 엄마가 아기의 불안정성을 함께해 줄 수 있으면, 아기는 자신이 지닌 무능감, 좌절, 혼돈, 공포, 분노, 절망적인 불안, 외로움 등의 느낌으로부터 해방될 수 있을 것이다.

아이는 자신의 욕구가 채워지지 않으면 거리낌 없이 화를 표출한다. 예를 들면, 배가 고프거나 안기고 싶으면 큰 소리로 운다. 부모를 화나게 하려고 우는 것이 아니다. 자신의 의사를 다른 방식으로 표현할 줄 몰라서 우는 것이다. 무엇인가 필요하다는 신호를 보내는 아이만의 고유 방식이다.

아이는 배가 고파서 도움을 청하며 우는 울음이 엄마(돌보는 이)로부터 아무런 반응을 얻지 못할 때 고통을 겪게 된다. 아이들은 욕구가 충족되지 않을 때 울음을 터뜨리며 성미가 난폭해지기 시작한다. 그것을 울음으로 표출하는 것이다. 그런데 이런 식으로 표출하는 아이의 의사를 계속 무시하거나 혹은 그들의 감정 표현을 거부하거나 처벌로 다스리면, 아이는 점차 그런 환경에 적응하게 된다. 이런 환경에 적응하면서 자란 아이들은 얌전하고 조용한 아이로 성장할 가능성이 크다. 그러나 그들이 자라 어른이 되면 자신의 감정을 표출하는 데 큰 어려움을 겪는다. 또 어린 시절에는 조용히 적응하면서 자랐지만 그들이 어른이 되면 주위 사람과 사회에 대해 반항적, 저항적 태도를 갖게 되어 끊임없이 타인과 갈등을 겪게 된다.

또한 아이는 엄마와 정서적인 유대감이 형성되지 않을 때 좌절이 생긴다. 그 절망적인 좌절은 아이에게 심한 분노를 일으킨다. 아이는 욕구의 좌절에 따른 고통과 긴장으로 자신이 공격받는다고 느끼기 때문이다.

아이는 젖이 안 나올 경우 엄마의 젖가슴이 자신에게 좋은 것을 주지 않는다고 생각하여 무자비한 탐욕이 발생한다. 그래서 허기가 채워지지 않아서 증폭되는 분노와 공포는 박해자(엄마)가 자신의 배를 더 심하게 공격하기 때문이라고 느끼게 된다. 이때 젖이 안 나오다가 시간이 흐른 후 젖을 물리면 아이는 허겁지겁 젖을 물거나, 혀로 핥거나, 젖을 짜내듯 빨아먹게 된다. 엄마의 젖가슴에 대한 욕구는 점점 더 공격성과 적개심으로 물들게 한다.

Tip
삶의 본능과 죽음의 본능

클라인(Klein)의 구강기적인 불만족에서 비롯되는 박해불안이나 상처 체험은 단순히 구강의 만족이냐 불만족이냐에 달려 있지 않다. 왜냐하면 이 시기의 아이 상태는 너무나 연약한 상태이기에(클라인이 말하는 박해망상이나 편집적 자리가 생후 6개월 이전임을 기억한다면) 아이는 삶의 본능과 죽음의 본능 사이에서 역동하는 심리적 체험을 반복한다.

아이의 이런 경험 때문에 자신의 내면에 억압된 분노가 존재해 있다면 그것은 마치 화약통 위에 앉아 있는 듯한 기분이 들 것이다. 이런 기분이 든다면 지체 없이 치료사를 찾아 심리치료를 받아야 할 것이다.

제4장

우울증

세상에 존재하는 나는
단 한 사람의 믿음으로
살 수 있다.
악어새가 악어를
믿지 않는다면 두려움을 갖게 될 것이다.

1. 내면의 아이가 울고 있어요

경험은 인생의 고통을 줄일 수 있는 한 가지 방법이다.

우리가 진실을 말할 줄 알고,

당장의 욕구 충족에 조급해하지 않으며,

자신에게 정직하고,

자신에게 책임감을 갖고 있다면…….

삶은 여전히 즐거움과 기쁨으로 충만할 것이다.

오랜 기간 동안 심리치료를 하다 보면 찾아오는 수많은 내담자의 병력도 알게 되거니와 그들이 살아온 인고의 삶이 고스란히 전해져 와서 오랜 친구처럼 여겨지는 사람들이 많이 생기게 마련이다. 얼마 전 연구소를 찾았던 나먼저 씨의 사례를 살펴보자.

사례: 내면의 아이와의 만남

장남으로 태어난 나먼저 씨는 중3 때 아버지가 경영하는 회사의 부도로 온 가족이 크나큰 경제적 어려움을 겪었다. 그래서 그는 부모님의 마음에 부담이 될 수 있는 말은 한 번도 해 본 적이 없었다.

그런데 어느 날, 나먼저 씨는 자기 안에 울고 있는 아이, 어린 자아를 만났다. 정말 하고 싶은 것도 제대로 못하고, 자신이 꼭 가지고 싶은 것이 있어도 차마 사 달라는 말을 하지도 못하고…….

나먼저 씨는 자신의 환경을 이해해야 한다고 자신을 위로하며 "괜찮아, 괜찮아!" 하였다. 그리고 내면 저 밑바닥에서는 늘 열등감과 패배감이 가득 차 울고 있는 그 아이에게 "먼저야, 네가 그때 많이 힘들었겠구나. 그런데도 그렇게 잘 견디어 낸 것 같네. 하고 싶은 것, 갖고 싶은 것을 너무도 당당하게 말하는 아들을 가진 아빠가 되었으니 너무나 장하고 고맙다."며 자신을 격려하면서 다독거렸다.

우리 속에는 누구에게나 상처 입은 '내면의 아이'가 있다. 이제는 지쳐서 더 이상 울지도 못하지만, 자신의 내면에서 목 놓아 울고 있는 내면의 아이가 있다. 내면의 아이는 어릴 때 억압되고 억제된 자신의 무의식의 표출이다. 우리가 겪는 불행의 근본적인 원인은 어린 시절에 무시당하고 거절당하고 상처받은 이러한 내면의 아이가 있기 때문이다. 어린 시절 부모에게 충분한 관심과 인정 그리고 사랑을 받지 못하고 자라거나, 무관심 속에 방치되거나, 다른 아이들과 부당하게 비교당하거나, 거절당하거나, 무시당하거나, 비난받았거나, 폭력 또는 학대를 당한 기억들이 있을 것이다. 이러한 기억들이 내면 깊이 무의식 속에 응어리진 감정으로 자리 잡게 된다.

이런 경우에 내면의 아이는 또다시 상처받을까 봐 두려워, 철저히 가면을 쓰고 거짓된 삶을 살게 되는 것이다. 어쩌면 상처받은 내면의 아이는 사랑받고 인정받고 살아남기 위해서 자신의 분노 감정을 억누른 채 지나치게 다른 사람에게 순종적이거나 또는 다른 사람을 속인다거나 삐죽거리는 등의 행동을 하게 될 것이다. 마치 목소리 없는 노래와 같다. 그러면 그 내면에는 결코 채워지지 않는 공허감이 자리 잡게 되어 버린다.

그리고 이 공허감을 메우기 위해 배우자, 연인, 친구 등 다른 사람에게 의존하지만, 그런 노력은 늘 실패하고 만다. 그것은 바로 자신 외의 어느 누구도 그리고 무엇도 공허감을 메울 수가 없기 때문이다. 문제는 치료받지 못한 내면의 상처가 자신을 무자비하게 괴롭히기도 하고 나아가 다른 사람에게 상처를 주기도 한다는 것이다. 자신이 아닌 다른 사람으로부터 이러한 공허감을 충족하려는 것은 아무런 소용이 없다. 이처럼 사람들은 저마다 어린 시절 부모나 돌보는 이, 형제자매 그리고 친구나 교사로부터 상처받고도 치료받지 못해 울고 있는 어린 자아를 가슴에 간직한 채 살아가고 있다. 어린 아이의 비애다. 마치 빛이 사라진 태양을 등지고 사는 꼴이다. 어쩌다가 어린 시절의 이야기를 하다가 자신도 모르게 눈물[1]이 나는 것은 바로 상처받은 내면의 아이가 울고 있는 것이기 때문이다. 내면의 상처가 치료되면 더 이상 눈물이 나오지 않는다. 만약 어린 시절 이야기를 하면서 지금까지 눈물이 난다면 아직 상처가 완전히 치료되지 않았기 때문이다.

---

1 권리 잃은 눈물이라 한다.

2. 울지 못하는 내면의 아이

지금의 나를 사랑하며 행복한데

가슴은 왜 이렇게 아픈 걸까?

울고 있는 나를 한 번만이라도 들여다봐 주세요.

어릴 때를 기억해 보면, 많은 어머니가 부엌 아궁이에 불을 지피면서 가슴을 치며 대성통곡을 하는 경우를 볼 수가 있었다. 이는 화가 가슴까지 쌓여 조금이나마 그 화를 풀고자 하기 위함이었을 것이다. 그러나 그것을 참고 살았던 어머니들은 가슴에 한이 맺혀 있는 것을 볼 수가 있다. 그래서 충분히 울고 나면 더 이상 눈물은 나오지 않는다. 그런데 아예 울지도 못했을 때는 그것이 가슴에 한이 되어 쌓이게 된다. 분노한다. 하지만 누군가가 그 응어리를 받아 주는 사람이 있으면 그동안 참았던 눈물이 폭포수처럼 쏟아진다. 눈물을 흘리는 것은 매우 건강하다는 의미다. 그것은 마음의 상처를 치료받기 위해 본능적으로 하는 행동이기 때문이다. 내 안에 있는 상처들을 치료하지 않는다면, 그것은 끝없는 터널을 걸어가야 하는 것과 같으며 내 삶에서 어떤 문제의 가장 큰 원인으로 남을 수도 있다. 다시 말해, 아파도 마음대로 울지 못하기 때문에 마음의 상처가 되는 것이다.

그런데 아이가 우는 것을 참지 못하는 부모는 울지 말라고 억압하거나 고함을 지르기도 하고, 아이의 주의를 다른 곳으로 돌려 울지 못하게 족쇄를 채우기도 한다. 그런 부모들은 대부분 스스로 울지 못한 내면의 아이를 가지고 있다. 아이가 울면 자신의 해결되지 못한 고통스러운 과거의 무의식적 기억과 슬픔이 되살아나기 때문이다. 아마도 그때에는 두려워 살아남기 위한 행동으로 울음을 참았을 것이다. 만약 살아남기 위해서 그렇게 행동하지 않았다면 더 많은 상처를 받았을 것이기 때문이다.

아이가 어떤 필요를 느낄 때마다 부모는 화를 내고 망신을 주기도 한다. 그러면 그 아이는 성인이 되어 어떤 도움이 필요할 때마다 부끄러움을 느끼게 된다. 아무리 적절한 상황일지라도 수치심을 기본적으로 갖고 있는 사람은 성적인 상황에서 몹시 부끄러움을 느끼게 된다. 그러나 지금 성인이 되어서도 그 감정들을 억압하고 있는 것은 매우 건강하지 못한 행동이다. 그것은 치료받지 못한 내면의 아이가 있기 때문이다. 그러나 자신의 감정을 드러내기 시작하면 무의식적인 기억들까지 생생하게 되살아난다. 아이는 아직도 자신의 감정을 아무도 받아 주지 않을 것이라 생각하고 그것을 드러내는 것을 몹시 두려워할 뿐이다.

이제는 두려워서 겁먹고 있는 내면의 아이를 진정으로 만나 사랑해야 한다. 처음에 그 아이는 날 믿지 못하고, 나와 함께 있기를 원치 않을 수도 있다. 하지만 그 아이에게 말을 걸어 절대로 내버려 두거나 떠나지 않겠다는 믿음을 주어야 한다. 그러면 내면의 아이로부터 조금씩 신뢰를 얻어 진실한 말을 할 수 있을 것이다.

내면의 아이를 치료하는 가장 좋은 방법 중의 하나는 내면의 아이를 충분히 울 수 있게 해 주는 것이다. 그것은 내면의 아이를 받아 줌으로써 가능한 것이다. 사실은 자신의 내면 아이가 울고 싶지만, 자신을 받아 줄 사람이 없기 때문에 지금까지 울지 못하고 참아온 것뿐이다. 누구나 자신의 슬픔을 받아들이지 못하는 이유는 내면의 아이를 받아 주지 않기 때문이다. 또 그 당시에는 자신의 이야기를 들어 줄 수 있는 사람도, 억압된 슬픔을 해결해 줄 수 있는 사람도 없었기 때문이다. 그러나 성인이 된 지금은 내면 아이의 슬픔에 귀를 기울이고 바라보면서 그것을 충분히 받아 줄 수 있을 것이다.

그리고 내면 아이를 벗어나 지금의 나로 출발을 할 때 스스로에게 영웅이 되는 것이다.

성인이 되어서 나타나는 공격적 행동은 어릴 적 폭력과 학대, 해결되지 않은 슬픔의 결과다. 어릴 적에 무력하게 학대당한 아이가 자라서 가해자가 되어 버린 것이다. 신체적 폭력이나 정서적 폭력은 어린아이에게 너무나 끔찍한 것이어서, 아이는 학대받는 동안에 자신의 원래 모습으로 남아 있을 수가 없다. 그 고통에서 살아남기 위해서 아이는 자신의 정체성을 잃어버리고, 대신 자신을 그 가해자와 동일시해 버린다. 이렇게 손상된 내면의 아이는 애정과 관심, 사랑에 대한 채워지지 않는 욕구 때문에 만족할 줄 모르고, 어른이 되어

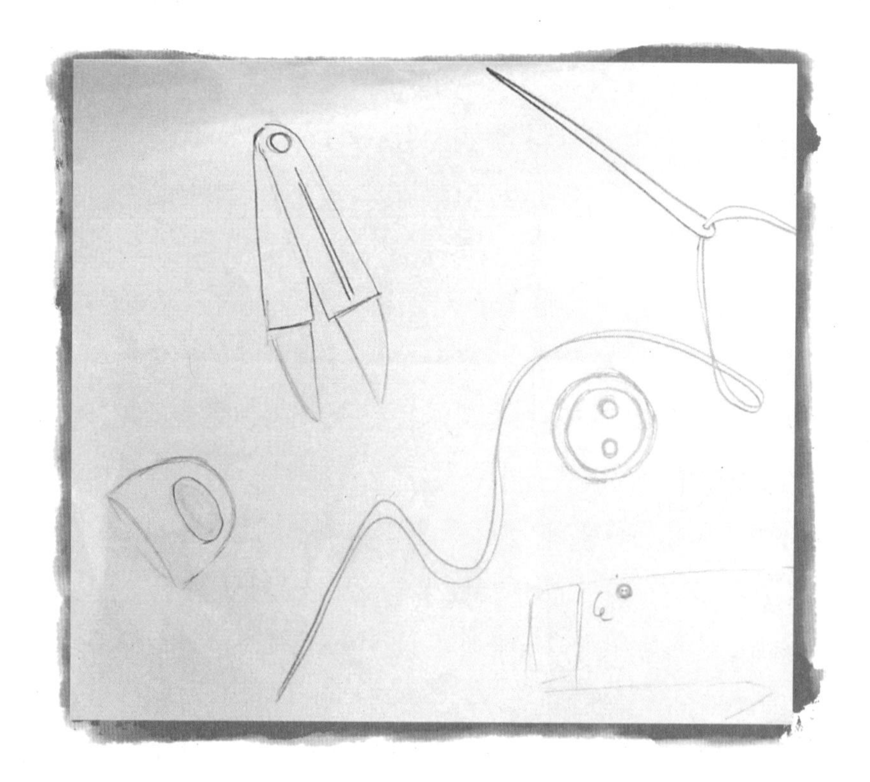

서도 자신을 파괴하게 되는 것이다. 이것은 슬퍼했어야만 했던 것을 제대로 슬퍼하지 못했기 때문이다. 또 어린 시절에 미해결된 채 남아 있는 부정적 욕구 때문에 이런 증상들이 나타나는 것이다. 그래서 어릴 때 제대로 채워지지 못한 욕구, 자신이 원하지 않아도 받아야만 했던 상처들을 받아들여 슬퍼하는 것이야말로 심리치료의 시작이다.

내면 아이에게 "지금 기분이 어떠니?" "네가 보기엔 어땠지?" "너의 슬픔에 대해서 말해 주겠니?" "뭐라고 말하고 싶니?" "그래, 우리 이것 때문에 너무 힘들다, 그치?" "넌 사랑받을 만해." "너의 의지로 태어난 것이 아니라 부모님의 사랑으로 태어났으니 모든 것에는 답이 없어. 너의 생각과 너의 감정이 우선이면 좋겠다." "다시는 우리 힘들지 말자."와 같은 말을 하는데, 이런 말들은 내담자가 자신의 감정을 표현하도록 격려하는 것이다.

따라서 자신의 어린 시절 이야기를 들으면서 공감해 주고 받아주면 자신도 이를 받아들일 수 있게 된다. 심리치료를 받는 동안 일어나는 변화는 바로 이런 것들이다. 대부분의 내담자는 처음에 자신의 어린 시절 이야기를 하면서도 내면의 아이를 외면하려고 한다. 그러나 치료자의 공감을 받으면서 자신의 내면 아이를 받아들이게 된다. 그렇게 되면 자신의 마음이 편안해져 다른 사람의 내면세계도 수용하게 되어 서로 편한 관계가 형성된다.

그렇기 때문에 뜻하지 않은 곳에서 자기 안에 울고 있는 아이를 발견했을 때는 무시하거나 외면하지 않고, 들어 주는 것이 자신을 보살피는 최선의 길이다. 이는 상처받은 자신을 외면하지 않고 받아들이는 치료 작업이 된다. 자신의 살아온 과정들을 회고하면서 아이의 대견스러운 모습과 행동에 대해 칭찬과 지지를 해 주고 따뜻하게 받아들이는 것은 그동안의 외로움을 치료해 주는 좋은 약이 되는 것이다.

이처럼 나의 상처, 내면의 아이를 공감하고 인정하고 수용할 때에만 완전한 치료가 가능하다. 이러한 치료 작업을 하게 되면 어느 날 더 이상 아이의 울음소리가 듣기 싫지 않게 되고, 우는 아이를 따뜻하게 받아 주고 달래 주는 자신을 발견하게 될 것이다.

3. 내가 원치 않는 내면의 억압된 무의식

한 잔의 술잔은 인간관계를 따뜻하게 하고

두 잔의 술잔은 행복을 알게 하지만

과음은 술이 사람을 먹어 상처투성이로 살아가게 한다.

치료자는 내담자를 근원적으로 치료하기 위해서 반드시 그 원인을 찾아내어 소거해 주어야 한다. 치료자가 내담자의 어린 시절을 되돌아보고 미해결된 욕구를 찾아 소거하는 작업은 치료자에게 대단히 중요한 문제다. 내담자의 정신적 고통 속에는 대개 상처받은 내면 아이가 존재한다.

이런 억압된 무의식은 원치 않는 방식으로 드러나 자신을 힘들게 한다. 그래서 사랑하는 사람에 대한 집착, 가족과의 갈등, 중독 증상, 스트레스에서 비롯된 폭식, 분노, 시기, 질투, 우울, 불안, 두려움, 외로움, 불면증, 무력감, 유약함, 강박증, 대인공포증, 공황장애, 불편한 인간관계 등 내면에 쌓아 둔 것들이 표출될 때 스스로 상처를 받기도 하고 또 누군가에게 상처를 주기도 한다. 그것도 가장 가까이에 있는 사랑하는 사람에게 상처를 주는 것이다.

어떻게 하면 두려움 없이 행복하게 살아갈 수 있을까? 자신의 외부로 향하는 것을 내면으로 향하게 해야 한다. 자기 자신이나 다른 사람을 바꾸려 용쓰지 말라. 먼저 상처받은 자신의 내면 아이를 충분히 이해해야 한다. 그 아이는 말하는 것을 좋아하고 자신의 존재를 인정해 주기를 원하고 사랑해 주기를 바란다. 자신의 어린 시절, 언제 어떤 상처를 받았던 것일까? 다시는 상처받지 않으려고 어떻게 노력했으며, 생존하고 사랑받고 인정받으려고 다른 사람에게 어떤 가면들을 쓰고 다녔는지 제대로 이해해야 하는 것이다.

상처받은 내면의 아이의 고통을 치료하기 위해서는 그 아이를 이해하면서 마음속 깊이 감추어진 응어리진 감정들을 소거해 주어야 한다. 이것은 심리치료에서 가장 중요하다. 그렇게 해서 내면의 아이와 진정으로 만날 때, 그때의 아픔은 성인이 된 지금의 자신을 향기롭게 꽃피우는 소중한 사랑의 선물이 될 것이다.

그 사랑은 그 무엇보다도 내면의 아이로부터 시작되어야 한다. 스스로를 채우지 못한 허전함은 외부로 관심을 표출하거나 혹은 상대에게 갈구하고 집착하게 만든다. 외부에서 주는 사랑과 인정은 아무리 채워 넣어도 자신의 가슴 가득 채울 수가 없다. 사랑은 스스로 자신을 받아들이고 용서하고 인정할 수 있을 때만 가슴 가득 채워지기 때문이다. 이것은 자신을 인정하고 온전히 받아들이고 수용한 사람에게서만 발견되는 신의 유일한 선물이다.

사람은 누구나 한 가지 고민은 있기 마련이고, 힘들 때도 있다. 그것이 세상 사는 이치다. 그러나 중요한 것은 그것을 어떻게 대처하고 받아들이느냐 하는 것이다. 어떤 사람은 그 고통을 합리적 · 긍정적으로 표출하여 마음의 평화를 얻고, 또 어떤 사람은 부정적으로 표출하여 마음이 더 괴로워진다.

정신적 고통을 겪어 연구소를 찾는 사람들 중 대부분은 어릴 때의 부정적 경험을 자신의 가슴 한켠에 잿더미처럼 차곡차곡 쌓아만

놓고 그것을 제대로 표출하는 경우가 거의 없었다. 상처받은 내면의 아이를 억압해 두면 자신을 인정해 주지 않고 받아들여 주지 않는 것에 대해 심하게 울어 대거나 주변 사람 또는 다른 어떤 것에 대해 지나치게 반응할 것이다. 내면의 아이가 억압된 상태로 결혼을 하게 되면 가족관계에서 아주 극단적이고 고집불통의 부모 역할을 하기도 한다. 또 다른 사람들과의 인간관계에서 상처를 주고받는 문제들을 나타내게 된다. 어떤 사람은 가족, 다른 사람이나 어떤 것에 대한 또는 약에 의존하는 중독 증상 등을 나타내기도 한다.

정신분석에서 내면 아이의 치료를 위해서는 '내 마음이 아프다.'는 사실을 먼저 인정해야 한다. 그리고 치료 동맹 속에서 자아를 강화시키고, 전이를 통해 내면에 억압된 감정을 알아차리고, 생존을 위한 방어기제를 자각하게 되면 내면에 억압되어 있던 감정을 스스로 표출하게 된다.

내면의 무의식에 억압된 감정이란 금지된 사랑, 공격적 성향, 불안감, 두려움 등 내면의 아이가 감당할 수 없는 것들이다. 그러나 성인이 되면서 심리치료를 받아 자아가 강해지면 그 감정을 당당하게 표출할 수 있다. 실제로 심리치료를 하다 보면 어떤 사람은 과거에 억압되어 있던 사랑의 욕망을 행동화하여 연애에 빠지기도 한다. 또 어떤 사람은 억압되어 있던 분노를 겉으로 표출하기도 한다.

어릴 때의 경험에 가장 큰 영향을 주는 사람은 부모가 대부분이다. 부모의 역할이 얼마나 중요한지는 알 수가 있다. 맞벌이 부부가 많아지면서 가족이나 돌보는 이의 역할도 매우 중요해졌다. 만약 부모의 양육 방식과 관련하여 억압된 분노나 공격성이 있었다면 부모에 대해 실망과 분노를 경험하기도 한다. 그리하여 뒤늦게 자각한 분노 감정을 부모에게 직접 표출하게 된다.

이렇게 되면 부모 또한 달라진 자녀의 태도에 대해 충격, 분노, 방어 등의 반응을 보일 수 있다. 어떤 부모는 아이가 반항하는 것으로 받아들이고, 어떤 부모는 자신의 정당성만 주장할 것이다. 또 어떤 부모는 자신도 모르게 한 일이라며, "네가 많이 아팠구나! 그토록 상처가 될 줄은 몰랐단다."라며 진심으로 사과할 수 있을 것이다.

4. 거짓자아의 형성

부모의 거짓과 부정적 행동이

아이에게 내면의 분노를 형성하게 하고,

아이는 그 분노를 부모에게 공격하지 못해

세상을 향해 공격하고 파괴를 일으킨다.

심리치료를 하다 보면 적정한 시점에 내면에 억눌려 있었던 감정을 제대로 보고 인정하고, 부모나 어떤 대상을 향해 정당하게 표출하며, 설사 분노해도 그 대상이 파괴되지 않고 자신의 생존이 위협받지 않는다는 사실을 깨닫게 될 것이다. 그러나 이 과정에서 나타나는 분노는 성인인 자신의 것이 아니라 어린 자아의 억압된 부정적인 감정이다. 그 감정은 '과거의 자기'며 '내면의 아이'다. 그런 내면의 아이 문제를 성인이 된 지금 부모에게 자연스럽게 표출하는 것은 좋은 일이다. 하지만 그 아이를 보살피고 사랑하고 성장하게 하는 일은 자신이 스스로 해야 한다. 성인이 된 지금 부모를 본다고 해도 과거 어릴 적에 생긴 근원적인 왜곡은 여전히 존재할 것이다. 이러한 점을 명백히 인식한 상태에서 자신을 되돌아보아야 한다. 그러면 부모에게서 완전하게 독립적인 하나의 인격체로서 아름다운 삶을 살아갈 수 있을 것이다.

자신을 사랑하고 신뢰하고 인정해 주는 부모 밑에서 자란 아이는 심리적으로 건강한 내면을 갖고 있다. 반면, 부모의 사랑을 제대로 받지 못하고 늘 찡그리고 있는 부모의 모습을 보고 자란 아이는 어릴 적 상처 때문에 다른 사람이나 어떤 대상에게 자신의 감정을 부정적으로 표출할 것이다. 부모로부터 상처받고 자란 아이는 자기에 대한 정체성이 없기 때문에 인간관계 속에서 친밀함을 경험하지 못하게 된다. 내면의 아이가 부모로부터 받은 가장 큰 상처는 바로 자아의 거부다. 아이들의 감정이나 욕구, 바람이 무엇인지 알아주지 않는다면, 그것은 곧 부모가 아이의 진정한 자아를 거부하는 것이다. 그렇게 되면 아이에게는 거짓자아가 형성되는 것이다.

거짓자아가 형성된 아이는 자기가 사랑받고 있다고 믿기 위해서 상상하여 행동하게 된다. 이러한 거짓자아는 시간이 지날수록 부모가 요구하는 대로 더욱 강화될 것이다. 이렇게 내면의 아이가 방치되어 상처를 받게 되면 그 아이의 경계선은 무너지게 된다. 그리하여 그 아이는 혼자 있는 것에 대한 불안과 두려움을 갖게 된다. 그리고 내면의 아이의 말을 잘 들어 주지 않고 억눌러 버리면 그 아이는 더 깊이 숨어 지낼 수밖에 없으며, 언젠가는 마음의 병으로 나타나 자신의 신체를 마비시킬 수 있다. 이것을 신체화 현상이라고 한다.

아직도 많은 사람이 어린 시절에 해결하지 못했던 고통과 슬픔을 간직한 채 살아가고 있다. 성인이 된 지금은 그 해결하지 못하고 억제하고 억압해 둔 고통과 슬픔을 내려놓아야 한다. 그래야만 자신을 심리적으로 더욱 건강하게 성장시킬 수 있다. 그리고 그것을 도와주는 것이 우리 치료자가 할 일이 아니겠는가?

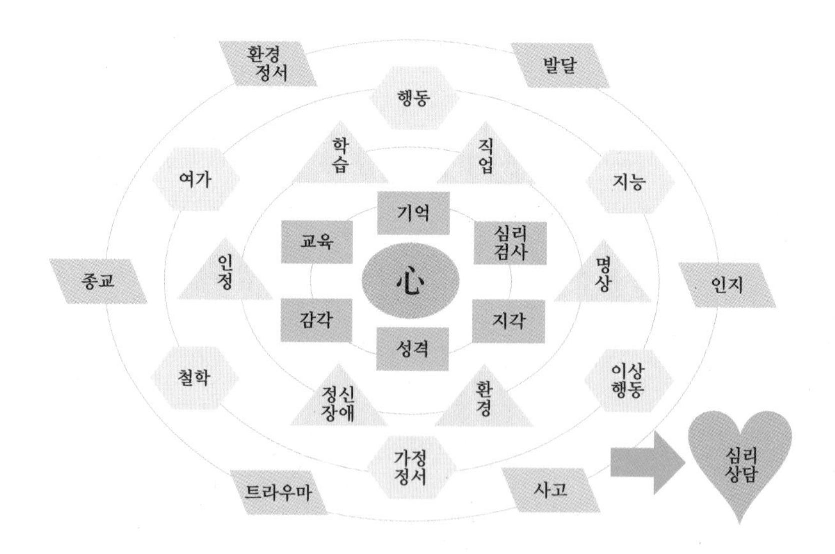

그렇다. 우리는 사신을 인정하는 데 익숙하지 않다. 자신이 지신에 대해 정말 괜찮은 사람이라는 걸 인정해 주었더라면 그 어떤 사람의 작은 말에 흔들리며 상대를 공격하려 들지는 않을 것이다. 내 아이, 내 가족, 내 주변 사람들부터 인정하고 긍정적인 눈으로 보자. 그러면 나도 행복하고, 상대도 자신을 인정해 준만큼 그것을 되돌려 주려고 노력하게 될 것이다.

5. 울고 있는 마음

성공에 대해 명예의 상을 받아야 할 자는 그 누구인가?

그 사람은 당연히 내담자 자신이다.

사람들은 누구나 한 번쯤 몸이 아프다. 그런데 몸이 아픈 건 정말 심각하게 생각하고 병원을 잘 찾는다. 왜 그럴까? 육체적 상처는 눈으로 금방 보이기 때문이다. 마치 우리가 아파서 병원에 찾아가면 의사가 요술방망이로 자신의 모든 병을 깨끗이 낫게 해 줄 것이라는 기대심리를 갖는것과 같다. 물론 신체적 외상인 경우에는 한두 번 내지 서너 번을 찾아가면 금방 나을 수도 있다.

그러나 서너 달 또는 몇 년 동안 병원을 다녀도 잘 낫지 않는 경우가 있다. 특히 우울증, 신경증적 · 정신적 병리 요인인 경우에는 더욱 그렇다. 이 경우 전국 여러 병원을 다니다 보니 이미 내성만 길러지게 된다. 실제로 병원 의존성이 높은 우울증, 신경증적 · 정신적 병리 요인의 내담자는 치료자를 겨우 몇 차례 만나 본 후 치료자가 아무것도 해 주는 게 없다고 한다.

사례: 내면 아이와의 만남

내담자: 아무것도 변한 게 없어요.

치료자: 아무것도요?

내담자: 네, 아무것도, 어떤 것도 변한 게 없어요.

치료자: 음~~

내담자: 지난주랑 변한 게 하나도 없어요.

치료자: 그래요? 빨리 변화가 보이면 좋을 텐데. 속상하죠?

내담자: 네. 언제나 그 자리인 것 같아요.

치료자: 그래요? 그럼 어떻게 변하기를 원하세요?

내담자: 빨리 약을 먹지 않고, 편안하게 사람들을 대할 수 있었으면 좋겠어요.

치료자: 그래요. 그런 마음이 있다면 당신은 벌써 변한 거라는 생각이 드네요.

내담자: 그런가요? 전혀 변한 것이 없는데요.

치료자: 벌써 자신이 약을 끊겠다는 생각과 사람들과의 관계가 좋아지길 기대하는 마음이 예전과 다르지 않나요?

내담자: 아~~ 그렇네요. 예전엔 약이 없으면 안 된다고 생각했는데 끊겠다는 생각으로 바뀌었네요. 그리고 예전에 사람들이 가까이 오면 절 지적하지는 않을까 걱정했는데 그 두려움이 이젠 편안해지길 바라는 것으로 바뀌었고요.

치료자: 그래요. 그렇게 생각이 바뀐 거죠?

내담자: 아, 제가 저 스스로 사람들과 가까이 가려는 노력을 하고 있었네요.

이런 내담자는 정신분석가 및 심리치료사가 외과의사처럼 금방 진단을 내리고 곧바로 처방해서 일목요연한 해결책을 제시해 주기를 바란다. 그러나 정신분석 및 심리치료는 그렇게 간단하지가 않다. 왜냐하면 사람의 마음은 수만 가지이고 생각하는 방법도 환경도

저마다 다르기 때문이다. 더구나 많은 사람은 마음이 아픈 것을 수치스럽게 생각하여 심리치료사를 쉽게 찾아가지 않는다. 아직 우리나라 정서에는 심리치료라는 단어가 익숙하지 않고 어떤 병이든 약물로 치료한다는 생각에서 벗어나지 못하고 있는 실정이다.

또 사람은 누구나 다 우울할 때가 있다. 우울증 증세가 오면 대수롭지 않게 생각하지 말고 빨리 치료해야 한다. 우울은 전이성을 갖고 있기 때문이다. 최근 연이은 연예인들의 자살 보도를 보면서 우리 사회의 우울증이 얼마나 심각한가를 실감할 수 있을 것이다. 대개 자신과 친밀한 사람이 죽었을 때, 부모님이 돌아가셨을 때, 또는 배우자나 아이가 죽었을 때는 아무것도 하고 싶지 않은 무력감과 함께 우울해지는 것을 많이 느낄 것이다.

우울의 근본 원인은 자기 연민에서 비롯된다 하겠다. 자신이 자신을 믿지 못하고 소중히 여김을 받지 못한다는 생각을 하게 됨으로써 생기는 것이다. 그러므로 먼저 자신을 믿어야 하며 자신의 가치를 소중하게 여김으로써 타인과의 관계가 형성되고 신뢰를 갖게 된다는 점을 인정하는 것이 좋다. 그렇지 않고 자신을 무능력한 존재로 생각하며 스스로에게 살아야 할 가치를 부여해 주지 못함에 따른 자기 소외감에서 우울은 시작된다.

그래서 우울은 자신의 삶에 대한 가치를 자신에게 두지 못하고 가까운 타인(가족, 연인)이나 환경(경제력)에 부여해 스스로를 무기력화하는 데에서 온다.

우울증의 첫 증상은 정서적으로 불안하고 슬픈 느낌을 가지게 되는 것이다. 대개의 경우 자신감이나 의욕이 없고 쉽게 피곤해져 평소 늘 해 오던 일도 싫증을 느끼게 된다. 이전과 달리 일상생활에서 재미나 즐거움, 흥미를 느낄 수 없고 매사에 짐이 되는 것처럼 여기며, 평소 해 오던 일까지도 포기하려고 하는 무기력함을 불러온다.

사례: 일상을 탈출하고 싶은 내면

50대 중반의 어느 지역의 사업가가 심장 발작으로 여러 곳을 다니다가 연구소를 방문했다. 그 사업가는 지금까지 돈을 버는 데 급급했다. 오직 기업을 확장하는 데 관심을 가지고 일만 하다가 어느 날 문득 심장이 아파 병원을 수차례 다녔고, 이 병원 저 병원 좋다는 곳이면 다 다녔다. 그는 조용히 지난날을 회상하다 허무한 자신을 발견하게 되었다. 참으로

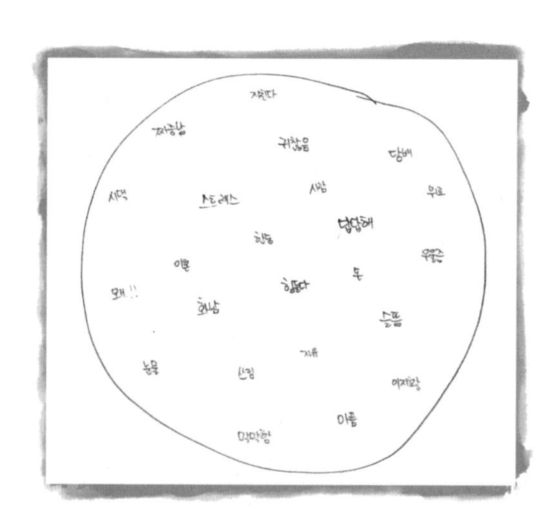

우울해졌다.

몇 차례 분석 끝에 그는 어린 시절부터 자신에게 지배적이고 비판적인 어머니로부터 인정받고 싶은 강한 인정의 욕구 때문에 자신이 성공이라는 목표 하나에 집착하여 살아왔다는 것을 깨달았다. 어머니의 가슴에 성공한 자식으로 남기 위해 있는 힘껏 사업에 매달려 왔던 것이다. 어머니의 반대도 무릅쓰고 많은 일을 벌여 왔고 성공해 왔다.

그런데 심장에 병을 얻고 나니 자신의 무력감 앞에 굴복할 수밖에 없었고 식욕도 없고 잠도 잘 수도 없었으며, 그저 일상에 싫증이 나서 어디든지 훌쩍 떠나고 싶은 생각이 들었다. 지금은 모든 것을 놓고 떠나고 싶다고 한 예가 있었다.

우울 증상을 가진 내담자는 사람들은 간의 두려움과 인간관계에서의 불안 때문에 자신을 더욱 억압하게 됨으로써 평소와 달리 사고나 대화의 주제가 급격히 줄어들고 말이나 행동도 단조롭고 느려진다. 미래에 대해 불안해하며 다른 사람으로부터 받을 거절이나 비난에 대해 걱정이 많아져서 무슨 일이든 결정을 못하고 우유부단해진다.

흔하게 호소하는 우울증의 신체 증상으로는 식욕 부진, 체중 감소, 소화장애, 변비, 설사, 두통, 뒷목이 뻣뻣함, 팔다리 저림, 전신 피로감, 근육통, 관절통 등이 있다. 때로는 가슴 답답함, 가슴 부위의 통증, 두근거림, 안구건조증, 어지러움 등의 증상을 호소하기도 한다. 이러한 신체 증상들은 또 다른 특징들을 쉽게 만성화하는데, 치료하려고 이 병원 저 병원을 전전하지만 뚜렷한 이상을 찾지 못하거나 치료를 해도 효과를 보지 못하기 때문에 건강을 지나치게 염려하는 건강염려증의 증상이 생기고, 신체 증상 때문에 자신이 우울해졌다고 생각하기도 한다(신체화 현상).

그러나 이러한 것들은 우울증 때문에 이차적으로 생긴 신체 증상이므로 우울증을 치료하지 않으면 신체 증상도 고치기 어렵다. 게다가 우울증이 심해지면 성적 욕구가 감소되며, 성 기능이 저하될 수 있다.

우울증 내담자는 잠이 쉽게 오지 않고 여러 가지 생각이 떠오른다거나 주위의 사소한 자극에도 민감해져서 깊은 잠을 잘 수 없는 경우가 흔하다. 잠을 자더라도 자꾸 깨며 쉽게 다시 잠들지 못해 고통을 받기도 한다. 새벽에 일찍 깨어나지만 다시 쉽게 잠이 들지 못하는 현상도 자주 나타난다.

특히 아무것도 할 수 없을 것만 같은 무기력감, 세상에 외롭게 떨어져 혼자만 남겨져 있는 것 같은 공허감, 분노와 공격의 감정, 심한 죄책감, 스스로를 징벌하려는 욕구 또는 망상이 생기도 한다. 이 때문에 자살을 시도하거나 자해를 하는 경우도 있다. 거기다가 정신병적 양상까지 생기게 되면 의심이나 피해의식에 사로잡히게 되어 망상이나 환청 또는 환시 같은 환각을 경험하기도 한다.

우울 증상으로 연구소를 찾은 대부분의 내담자들은 이런 경험을 하였다고 한다. 어린 나이에 부모님이 돌아가시면 정신적인 충격이 매우 커서 성인이 되어 우울증이 생기기도 한다. 어떤 내담자는 남편이나 아이가 갑작스러운 사고로 죽은 것인데도 그것이 마치 자신의 잘못인 양 자책하여 우울증에 걸리기도 한다. 책임을 발뺌하는 것 역시 문제이지만, 아무 근거 없이 자신의 탓으로만 돌리는 것도 병적인 증상이다.

이런 증상이 심해져 자살 충동을 느끼거나 불면증에 시달리면 치료를 받거나 항우울제와 같은 약을 복용하기도 한다. 신경이 흥분 상태에 이르면 자기 자신을 통제할 수 없기 때문이다. 내담자가 자기 자신을 통제할 수 있을 때는 심리치료가 가능하다. 이렇게 약물치료를 받아서 조금 안정이 되었다가 다시 우울한 기분이 반복되면 그 원인을 찾아봐야 한다. 그 원인은 자기 자신 안에서 비롯되기도 하지만 주위 환경과도 밀접한 관계가 있을 수 있다. 그러므로 우선 자기 분석을 통해 심리상담을 받고 그 원인을 구체적으로 알아차려야 한다. 어떤 내담자들은 비록 그들의 상태가 위험하다는 것을 의식하고 있다 해도 그저 치료사가 성심성의껏 돌봐 준 데 대한 만족을 통해 건강을 회복하기도 한다. 연구소에서 상담한 사례를 들어 보면 다음과 같다.

사례: 치료사의 정성

S대학원에서 열정적으로 공부하던 20대 후반 여성인 K양은 5년 동안 정신과를 다니며 약물치료를 받았으나 호전되지 않아 연구소를 방문하였다. K양은 자신이 의료 계통에서 일

을 하기에 나름 최고의 정신의학자를 찾아 치료를 했다고 했다. 그런데도 자신이 호전되지 않아 소문을 듣고 연구소를 방문하게 되었다고 했다.

K양이 우울로 약물을 복용하게 된 원인을 찾는 과정에서 여러 가지 원인이 한꺼번에 일어났다는 사실을 알게 되었다. 그래서 좀 더 급하게 치료를 요구해서 매일 치료를 했다. 치료를 진행하던 도중 3회기부터는 약물을 끊게 되었으며, 그 후 치료를 하는 중에 그녀의 부모가 약물을 권유함에 따라 약물을 복용했으나 거부 반응이 일어났다. 따라서 K양은 꾸준히 상담을 통해 자신을 돌아보게 되었고, 그렇게 진행되는 과정에서 그녀는 자신이 더 이상 약이 필요하지 않음과 자신이 왜 그렇게 불안해하고 무엇을 두려워하는지, 왜 우울이 발생했는지를 깨닫게 되어 치료를 마무리하기로 했다. 그저 상담실

에서 치료자와 내담자와 함께 있는 방식, 치료자가 내담자의 이야기를 귀담아 들어 준 것(경청), 그녀가 자신을 찾아가는 모험을 할 수 있도록 치료적 관계를 허용해 준 것, 그리고 치료자와 내담자의 평등한 관계일 뿐이라는 사실…….

아마도 우리가 생각하건데 특별한 것이 있다면, 그 내담자는 수년간 항우울제 등을 처방받으면서 자신을 치료하는 데 도움이 될 만한 치료와 치료자를 찾느라 너무 많은 세월을 보냈다는 것이다. 우리의 경우는 흔히 말하는 치료적 궁합이 맞았다는 것이다. 그 내담자가 느끼기에 치료자인 치료자의 수용적 자세, 내면 아이의 분석과 내담자의 입장에서의 공감, 긍정적인 존중과 인정, 자기 노출, 자기 이해와 타인 이해 등이 적절하게 적용된 것이다.[2]

또 다른 예를 보자. 다음은 성공적인 심리치료에서 치료 외적 요인이 얼마나 중요한가를 제시하는 상담 내용이다. 내담자의 변화는 우연한 사건이나 과정을 통하여 이루어진다는 것을 알 수 있다. 그래서 라 로슈푸코(La Rochefoucauld)는 "사람이 자신의 대단한 행동에 대해 스스로 우쭐해할지라도 위대한 결과에 가장 많은 영향을 미치는 것은 늘 우연이다."라고 하였는지도 모르겠다.

---

2 강한 치료관계 형성을 위해 칼 로저스(Carl Rogers, 1979)는 "대부분의 치료자는 훈련 초기에 내담자에게 변화에 영향을 주는 필요충분조건 혹은 필요조건, 즉 공감, 존중 그리고 진실성을 배우고 숙달하기 위해 노력한다."고 했다. 패터슨(Patterson, 1984)은 "치료자의 따뜻한 공감, 존중, 온정 그리고 치료적 진실성은 비록 심리치료의 충분조건은 아니지만 필요조건으로 인정받고 있다."고 했다.

사례: 치료 외적 요인

오십 대 초반의 중년 직장인 남성 내담자가 심한 우울 증상으로 연구소를 방문했다. 그는 약 4년 전쯤 심각한 부부싸움을 한 이후로 우울 증상이 나타났다고 생각했다. 그 사건 이후 부부는 별거 아닌 별거로 각방을 사용해 오고 있다. 그리고 꼭 필요한 용건이 아니면 서로 이야기도 하지 않았다고 한다.

그 내담자와 몇 회기 동안 상담을 했으나 진전이 없었다. 내담자는 계속 우울해했고 부부관계는 변화가 없었다. 그래서 회기에 아내와 함께 와 줄 것을 요청했으나 그녀가 거절했다. 그 상담이 회의적으로 느껴지는 순간이었다.

그런데 우연히 믿기지 않을 만큼 모든 것을 변화시키는 놀라운 사건이 생겼다. 어느 토요일 저녁, 강원도에 사는 아주 친했던 친구 부부가 그 집을 갑자기 방문했던 것이다. 특히 두 부부의 아내들은 고등학교 동창으로 같은 아파트 단지에 살았던 적이 있었다. 그러나 최근 몇 년간 직장 인사 이동으로 서로 만나지 못했다. 모처럼 만나 시간이 가는 줄도 모르고 이야기하며 웃고 즐거운 시간을 보냈다. 이렇게 떠들다 보니 새벽녘이라 친구 부부에게 자고 가라고 권했다. 다행히 그들의 집에는 방이 두 개밖에 없었기 때문에 남편과 아내는 같은 방에서 함께 잘 수밖에 없었다.

내담자 부부는 4년 전 부부싸움을 한 이후 처음으로 많은 일에 대해 이야기를 하였었고, 그날 밤 4년만에 진한 사랑을 나누었다. 우연한 친구의 방문이 계기가 되어 각방에서 합방으로 변화되었고, 단절된 말에서 소통이 이루어지기 시작했다.

더욱 놀라운 사건은 다음 상담시간에 그토록 상담실에 오기를 거부하였던 아내와 나란히 동행하였다는 것이다. 그 부부는 토요일 저녁 예기치 않은 친구의 방문 이래로 그들의 관계가 계속 좋아지고 있다고 이야기했다. 몇 회기 상담을 하는 동안 그들 부부는 관계가 점차 개선되고 소통이 이루어졌다. 그리고 남편의 우울 증상이 사라지고 있으며, 아내 역시 과거 어느 때보다도 즐겁다고 했다. 그리고 그 부부는 나에게 곧 치료의 종결을 예고했다.

이 사례에서 보듯이, 치료 외적 요인이란 때로는 우연한 계기나 사건 등으로 문제를 해결의 정점으로 치닫도록 만드는 일련의 사건을 촉발하는 '특별한 사건'을 말한다. 이러한 것은 사실 치료 이전에 이미 존재하는 것이며, 치료에 참여하는 것과는 별개임을 깨닫는 것이 중요하다. 이 사례는 성공적인 심리치료에 가장 필요한 요소가 무엇인지를 보여 주고 있다. 그것은 바로 치료 외적 요인(extra-therapeutic factors)이었다. 결국 그 사건은 치료 영역 밖에서 일어났지만, 내담자의 변화에 여전히 유용한 사건이나 과정이었다.

한편 겉으로 우울증이 드러나지 않는 경우도 생각해 볼 수 있다.

특히 청소년기에 학교 성적이 떨어진다거나 불량스러운 행동을 하게 되는 경우, 실제 문제는 우울증인 경우가 있다. 청소년기의 우울증은 짜증을 잘 내는 것이 특징이지만, 다른 질환일 가능성도 있으므로 조심해야 한다. 노인의 경우 건망증이 심해지는 등 마치 치매처럼 보이지만, 사실은 우울증인 경우도 있다. 불면증, 식이장애, 알코올중독, 약물남용 등의 근원에는 우울증이 내재해 있는 경우도 많다. 예를 들면, 우울증에 의한 불면은 아무리 수면제를 먹어도 우울증이 호전되지 않으면 불면이 없어지지 않지만, 우울증이 호전되면 불면도 자연스럽게 해결되는 경우가 많다.

특수한 형태의 우울증으로는 월경 전 발생하는 우울증, 산후에 발생하는 우울증, 갱년기 우울증 등이 있다. 계절에 따라서 우울증이 발생하는 계절성 우울장애 등도 있다. 또 신체질환이 우울증처럼 보이는 경우도 있다. 예를 들면, 우울증처럼 보이지만 사실은 갑상선 기능저하증이나 암이 있는 것으로 판명될 때가 있다. 따라서 혹시 있을지도 모를 신체 질환을 발견하기 위하여 처음 상담을 할 때는 정신분석을 병행하거나 병원에서 필요한 진찰과 검사를 병행하는 경우도 있다.

때로는 약물에 의해서도 우울증이 발생하기도 한다. 질병으로 약물을 복용하고 있는 경우, 질병이나 약물에 의하여 우울증이 발생하는 것은 아닌지 분석을 받아 볼 필요가 있다. 우울은 대체로 남자보다는 여자에게서 2배 이상 많이 나타난다. 그리고 자살자의 약 70% 정도는 우울을 앓고 있었다고 한다.

우울 증상의 대부분은 집착에서 비롯된다. 내담자가 너무 한 가지 생각에 골똘히 사로잡혀 있기 때문에 생긴 문제다. 여기서 또 다른 내담자의 경우를 살펴보자.

사례: 집착으로부터 시작된 우울

내담자: 저는 더 이상 아무것도 할 수가 없습니다. 그냥 아무것도 안 하고 멍 때리고 있어요.

치료자: 그렇군요.

내담자: 일도 하기 싫고, 그래서 사실 직장도 그만두었어요. 이런 것들이 나를 사로잡아 버렸어요.

치료자: 이런 것들이라고요?

내담자: 글쎄요, 잘은 모르겠지만 이런 우울한 감정……. 이런 것들이 나를 사로잡고 있는 것 같아요.

치료자: 네, 그렇군요. 지금 당신은 무기력하고 자신의 중심이 어디에 있는지도 모르겠다는 이야기죠?

내담자: 제가 어떻게 하면 좋을지도 모르겠고, 어떻게 사는 것이…….

치료자: 당신은 자신을 찾고자 하고 또 무엇인가 하겠다는 의욕이 없다고 하는데, 그 사실을 아는 것만 봐도 당신은 충분히 자신을 찾을 수 있을 것 같아 보입니다.

그런데 아직은 우리 사회가 안고 있는 병폐가 하나 있다. 그것은 바로 이런 정신질환에 대한 인식이 잘못되어 있다는 것이다.[3] 우리는 몸이 조금만 아파도 지나치게 걱정하고 병원을 자주 찾아 필요 이상으로 약물을 과다 복용한다. 그래서 약물중독이 되거나 약물 맹신 증상을 보이기도 한다. 반대로, 정신질환의 경우 증상이 나타나도 주위 사람뿐만 아니라 심지어 본인조차 그 사실을 잘 알아채지 못한다. 겉으로 볼 때는 육신이 멀쩡하기 때문에 병이 있다는 것을 알아채지 못하거나 인정하기 어려운 것이다. 정신질환은 눈에 보이는 것이 아니다. 설사 알아도 그 사실을 숨기려고 한다. 게다가 우리 사회에서는 정신질환을 수치로 생각한다.

정신질환이라는 것은 우리가 길을 걷다가 넘어져서 발목을 삐거나 팔을 부러뜨린 것과 같은 것이다. 다시 말해, 마음의 일부가 약간 고장 난 것이다. 그러나 우리 사회는 그 사실을 인정하지 못하고 있다. 정신질환은 결코 치명적인 질병이 아니다. 그런데도 우리나라의 환경과 여건상 초기에 상담하거나 치료하지 못하는 경우가 많을 뿐이다.

요즘 우울증 내담자가 우리 주변에 많다. 그것은 아마 경쟁이 치열하고 다들 사회에서 자기 울타리를 치고 사니까 외롭고 소외감을 느껴서 그런 것이 아닐까 싶다. 미국은 우리보다 훨씬 심각하게 우

---

3 사실 가장 큰 병폐 중의 하나일지도 모르지만, 최근 국내 몇몇 보험회사에서 내담자의 교통사고로 인한 보상비 산정 시에 과거에 정신과에서 진료한 병력을 내담자 모르게 수집하여 그것을 문제 삼아 보상비를 전혀 주지 않았거나 대폭 삭감하여 지급한 사실이 크게 보도되기도 하였다. 여타의 사건도 그렇게 하고 있다는 놀랍고 충격적인 보도였다.

울증 내담자가 많지만 사회환경이 우리보다 개방되어 있어서 굳이 숨기려고 애쓰지 않아도 된다. 그저 우리의 관심이 더 넓어져야 하고 아량과 베풂이 있으면 좋겠다.

특히 어려서 부모가 그런 질환을 앓았거나 불우한 가정에서 자랐다면 어른이 되어서 어려움을 겪을 때 어린 시절의 상처와 결합해 발병하는 경우가 흔히 있다. 특히 여성은 자녀가 다 성장하고 어느 날 갱년기가 찾아왔을 때, 얼굴도 늙고 몸도 말을 잘 안 듣고 몸에 여러 가지 불편한 증상도 나타난다. 게다가 기억력도 집중력도 저하되면서 문득 상실감이 매우 커진다. 이런 경우에 '난 뭐야!' 하는 기분이 들기 시작하고 우울해진다. 그것을 잘 극복하지 못하면 초기 우울증 증세가 나타날 수 있다.

만약에 불면증이 매우 심하고 자살 충동을 느끼거나 자기 통제가 안 될 때는 빨리 치료를 받는 것이 좋다. 그런 다음 어느 정도 정신을 차릴 수 있는 상태가 되면 자기 이해를 통해 그 원인을 빨리 찾아야 한다.

일반적으로 많은 사람이 부모나 배우자, 아이, 친한 친구가 세상을 떠났을 때 심한 우울증에 빠지고 상실감에 빠지게 된다. 이럴 때 갖게 되는 것은 수면장애, 공포와 불길한 예감, 두통, 위장장애, 집중력 둔화, 고통스러운 죽음에 대한 상상, 무기력함, 자살 충동 등이다. 이럴 때에는 모든 것이 무상(無常)하다는 이치를 깨닫게 되면 극복이 가능하다. 태어난 자가 죽고 생겨난 것이 멸하는 것은 하나의 자연 현상이다. 그것은 아름다운 세상의 이치다. 그래서 순리(順理)대로 자연의 이치를 거스르지 말고 따르면 되는 것이다.

봄에 잎이 나고 여름에 무성히 자라 가을엔 결실을 맺고 겨울엔 새로운 생명을 잉태한다. 봄에 다시 태어나 잎으로 피는 것이 자연의 순리이고 우주의 법칙이 아닌가? 그런데 그것을 시종일관 한 가지만 유지해야 한다고 착각하면 마음의 병이 오게 된다. 꽃이 피면 계속 피어 있어야 한다든지, 태어난 자는 영원히 살아야 한다든지, 한번 내 것이 됐으면 계속 내 것으로 있어야 한다든지 하는 것들은 일종의 착각이고 그에 따른 집착이다. 이런 집착이 지나치면 그것을 상실했을 때 받는 충격이 매우 크다. 그래서 세월의 무상함, 인생의 무상함, 재물의 무상함, 마음의 무상함 등이 자연의 순서에 따르게 되는 것이다.

이 우주(물질)는 이루어지고 머물렀다가 흩어져 사라진다. 이 육신(생명)은 생로병사(生老病死), 즉 태어나서 늙고 병들어 죽어 가는 것이다. 이 마음(정신)은 일어나고 머무르고 달라지고 사라진다. 저 높은 산도 결국은 깎여서 모래와 흙으로 돌아가고, 그것이 퇴적되어 굳어서 다시 바위가 되고 산이 된다. 이것은 자연의 순리요 세상의 이치다. 이 세상 어떤 것도 항상(恒常)의 것은 없다. 이처럼 모든 것이 무상(無常)한 줄 알면 허무주의가 되지 않는다.

파도가 밀려오고 밀려가니 허무한 것이 아니다. 그저 파도라는 성질 자체가 밀려오고 밀려가는 것뿐이다. 물결이 치는 것은 좋고 나쁜 문제가 아닌 하나의 원리이며, 현상일 뿐이다. 일상생활 속에서 애용하는 가전제품도 마찬가지다. 새것을 사서 시간이 지나면 낡아서 버리게 되는 것이다. 그렇게 본다면 사람도 마찬가지일 뿐이다. 사람도 태어나 시간이 흐름에 따라 늙고 병들고 마침내 죽는 것이다. 우리는 늘 이런 현상을 체득해야 한다.

일상생활에서 오는 갖가지 고통도 마찬가지다. 예를 들면, 사업에 실패하면 도피하지 말고 얼른 추슬러서 새로 도전하면 된다. 마찬가지로 고3 학생이 수능시험에 실패하면 다시 공부해서 한 번 더 도전하거나 아니면 다른 길(예: 직장)을 구하면 되는 것이다. 이것은 마치 길을 가다가 돌부리에 걸려 넘어지면 일어나서 툭툭 털고 다시 가는 것과 같다. 넘어지면 일어날 생각을 안 하고 쓰러져서 우는 것은 자신을 상실하는 것과 같은 것이다. 그냥 벌떡 일어나면 아무 문제가 없다. 오히려 넘어진 것을 계기로 다음에는 '돌부리를 조심해야 되겠다.'고 자신의 마음을 다잡아야 하는 것이다. 지나간 것에 너무 연연하지 말라. 지나간 것을 문제 삼는 것은 자신의 그림자를 보고 화를 내는 바보 같은 짓이다. 과거는 그저 허상일 뿐이다. 단지 과거를 교훈 삼아서 미래의 나에게 유익함이 되도록 마음을 정하는 것이 중요하다. 이렇게 되면 실패는 성공의 어머니가 된다. 이것이 사물을 긍정적으로 보는 적극적 사고방식이다.

한편 나 때문에 가족이 고생한다는 자학 증상을 없애야 한다. 이럴 때는 심리치료를 계속하면서 운동을 해 나가면 우울 증상이 빨리 회복될 수 있다. 자주 기분 전환을 하는 것도 좋다. 우울하다고 자꾸 자신을 위축시키지 말고 산책을 하거나 재미있는 코미디 영화를 보거나 노래라도 부르거나 자신의 취향에 맞게 기분을 전환하는 것이 좋다. 이렇게 스스로 노력하면 증상의 70~80%는 해소된다. 그러니까 결국 큰 병은 아니라는 뜻이다. 그런데 이런 증상이 자꾸 심해지면 나중에는 자신만 괴로운 것이 아니라 가족까지 힘들어진다. 그런

걸 고려해서 심리치료를 해 나가기 바란다.

중요한 것은 자신에게 진정한 도움을 주는 것이다. 그렇다고 "힘내라." "용기를 가져라." 등의 말은 오히려 역효과만 나타난다. 따라서 진정한 도움이란 이해, 인내, 공감과 지지를 말한다. 대화에 참여시키고 주의 깊게 이야기를 경청해 주어야 한다.

6. 극과 극을 달리는 조울증

삶이 난관에 부딪힐 때마다

우리는 사랑을 통해서 많은 것을 배우게 된다.

그것은 멀리 있는 것이 아니라

내 가까이에 있는 사람들의 사랑이다.

조울증이란 조증(mania)과 우울증(depression)이 합하여 만들어진 병명이다. 조증과 우울증이 반복되어 양극의 감정 상태를 보이기 때문에 양극성 장애라고 부른다.

조증(조울증에 걸린 비정상적인 흥분 상태를 가리키는 정신의학 용어)의 특징은 기분이 밝고 유쾌하다는 것이다. 세상 모든 것이 아름다워 보이고 매일의 생활이 다채롭고 새롭다고 느끼며, 때로는 자신이 세상에서 가장 행복한 사람이라고 생각한다. 그래서 이유 없이 기분이 좋거나 이유가 있더라도 지나치게 기분이 좋은 상태를 말한다. 자신감이 축소되거나 과다해지고 잠을 적게 자도 피로한 줄 모른다. 평소보다 말이 적어지거나 많아지고 수다스러워지거나 횡설수설하기까지 한다. 생각이 많아지면서 사고의 속도가 빨라지고 평소보다 산만해지고 잡다한 것에 이르기까지 신경 쓰는 일이 많다. 일상생활이나 직장생활 혹은 학업, 성 활동이 증가하여 처음에는 일이 더 잘되고 열심히 하는 것 같으나 그것이 지나쳐서 이상한 상태나 손해보는 결과를 가져오게 된다. 즉, 그 유쾌하고 좋은 기분이 오래가지 못하는 것이 특징이다. 불안, 초조한 듯이 끊임없이 일을 만들어 산만한 결과를 가져와 낭패가 되는 경우도 많다. 과대한 자신감으로 고집을 부려 주변 사람들과 잦은 마찰 혹은 싸움을 일으키기도 한다. 기분이 안정적이지 못해 쉽게 화를 내고 고의적으로나 무의식적으로 사람을 거칠게 대하거나 이유 없이 트집을 잡는 경우도 많다.

반대로 우울증은 이유 없이 우울하고, 힘이 없고, 입맛도 없고, 활동이 줄고, 삶의 의욕을 잃어 죽을 생각을 하게 되며, 신경질을 부리고, 만사를 귀찮아하는 등의 증상이 나타난다. 심리적 불안정으로 인해 근거 없는 고민거리나 잡념이 늘고 괜히 짜증이 나기도 하고 온몸이 개운치 않거나 아프다. 이런 경우 건강 검진 등 진찰상에는 아무런 신체적 이상이 없다고 나타나는 것이 일반적이다. 불면증이나 식욕 부진 혹은 과다 수면이나 과다 식욕의 증세를 보이기도 한다. 주변 환경이 내 마음에 흡족하지 못하여 매사가 부정적으로 생각되며 쉽게 피로를 느끼고 자책감이나 죄책감을 자주 느낀다. 또 잦은 건망증으로 일상적인 일을 그르칠 때도 많다. 정신 집중이 되지 않아 어떤 일을 제대로 수행하지도 못한다. 심한 경우 말 한마디 하는 것도 힘들게 느껴진다.

각박한 현대사회와 최근의 불경기에서 야기되는 심리적 요인들과 함께 직장의 상실이나 징계, 일상생활에서 일어나는 여러 가지 갑작스러운 사고, 가족이나 소중한 사람들과의 이별, 재산의 손실과 같은 스트레스 등은 조울증을 유발하는 중요한 요인들이다.

사례: 조울증에 시달리는 수진

수진이는 올해 스물여섯 살로 밝고 귀엽고 열정적이며 쾌활하다. 하지만 그녀와 오랫동안 함께 일한 사람이라면 그녀의 열정과 쾌활함이 보통 사람에 비하여 정상이 아니라는 사실을 쉽게 깨닫는다.

지난 주말 회사에서 단체로 천주산(天柱山)에 야유회를 간 적이 있었다. 몇몇 직원이 그녀와 같은 조가 되어 산 입구에서 정상을 향해 출발했다. 그런데 수진이는 출발하는 순간부터 수다를 떨기 시작하더니 산중턱에 이를 때까지 계속 수다를 떨었다. 수진이는 자신이 왜, 무엇을 위해 떠드는지 알 수 없었다. 그저 이야기하는 것이 신나고 즐거울 뿐이었다.

산 입구에서 한 동료가 우연히 꺼낸 유머를 몇 시간째 계속해서 반복하고 있었다. 중요한 것은 하나의 화제를 계속해서 반복한다는 사실이다. 그러나 이야기가 반복될수록 동료들은 하나둘 이상한 눈으로 수진을 쳐다보기 시작했다. 하지만 그녀는 그런 사실에 전혀 개의치 않았다.

산중턱을 지나서도 수진의 얘기는 계속되었다. 오히려 더욱 기분이 좋아져 하늘을 향해 "아! 오늘 날씨 너무 좋다!"라고 큰 소리로 외쳤다. 앞서 가던 동료들이 모두 뒤돌아봤다. 그중 한 선배가 낮은 목소리로 "정말 미쳤군."이라고 중얼거렸다. 그런데 수진이 그 소리를 듣자마자 순식간에 포악스럽게 쏘아붙였다.

"선배, 지금 누구 보고 미쳤다는 거예요? 내가 보기엔 선배가 미친 것 같네요!"

그러더니 손에 쥐고 있던 물병을 그 선배를 향해 던져 버렸다. 뒤따라오던 동료가 수진을 말리는 바람에 싸움은 일단 끝이 났다. 그때부터 수진이는 하루 종일 우울해하며 다시는 입을 열지 않았고, 동료들이 농담을 해도 웃음조차 짓지 않았다. 지금처럼 기분이 좋지 않을 때는 아무것도 수진의 굳어버린 얼굴을 풀어 주지 못한다. 문제는 수진의 기분이 하루 사이에도 극과 극을 오간다는 것이다. 누군가 유쾌한 우스갯소리를 했을 때 수진의 반응은 미친 듯이 웃거나 혹은 아무 반응도 보이지 않는 것이다.

수진이는 사소한 웃음거리도 다른 일들과 연결 지어 끊임없이 웃고 떠든다. 하지만 옆에 있는 사람들에게는 지나치게 썰렁하거나 경박스러운 이야기로만 들린다. 어떤 때에는 아주 사소한 일로 마치 많은 세월 동안 원한이라도 쌓인 것처럼 불같이 화를 낸다. 그런 수진이는 단 한 번도 자기 자신에게 문제가 있다고 생각해 본 적이 없었다. 그렇지만 주위에서 수군거리는 소리에 늘 신경이 쓰인다.

조울증의 증상은 기분이 좋고 들뜨고 의기양양해진다. 할 말이 많고 빨라지며 목소리도 우렁차고 자신감에 넘친다. 그래서 수진과 같은 증상을 가진 조울증 내담자는 평소 환희와 같은 극단적인 흥분 상태를 보여 세상이 너무나 흥미진진하고 아름답다고 느끼며, 그 무엇도 이와 같은 감정을 깨뜨릴 수 없을 것이라고 생각한다.

수진과 같은 조울증 내담자는 언어의 흥분 상태를 나타내며 끊임없이 이야기를 한다. 대부분이 자기 자랑이다. 그저 자신의 재산이 얼마나 많은지, 얼마나 많은 남자에게 사랑 고백을 받았는지, 사업이 얼마나 잘 풀리고 있는지 등등. 대부분의 사람은 이런 말에 귀를 기울이지 않지만, 수진과 같은 조울증 내담자는 전혀 개의치 않는다.

또 조울증 내담자들은 항상 에너지가 넘친다. 그래서 행동의 흥분 상태를 나타내기도 한다. 매일 두세 시간밖에 수면을 취하지 못하지만 전혀 피곤함을 느끼지 않는다. 평상시와 달리 에너지가 넘쳐 할 일도 많고 계획도 너무 많으며 분주하지만 일을 마무리 짓지 못한다. 대단한 일을 위해서 밤에 잠도 안 자고 계획하기도 한다. 밤에 잠을 안 자고 식사를 안 해도 에너지가 넘쳐 피곤하지 않고 거뜬하다. 때로는 성욕이 갑자기 왕성해져 쉽게 바람도 피우고, 미혼이라도 이성들과 지울 수 없는 상처를 만들기도 한다.

또한 이들은 하루 종일 쇼핑을 하며 돈을 물 쓰듯 하기도 한다. 이러한 조울증의 증상들로 인하여 이상야릇한 밝은 색깔의 옷이나 보석 등으로 별난 몸치장을 하기도 하고, 물건도 많이 사고, 값비싼 차량을 사기도 하여 경제적 손실도 커진다. 이렇게 산 물건들은 대부분 주위 사람들에게 나누어 준다. 또 지나치게 과음하는 경우도 있다. 절제력의 상실로 전화를 지나치게 오래 사용하기도 한다. 어떤 경우에는 상대방의 입장은 전혀 개의치 않고 쓸데없는 장거리 전화를 마구 걸기도 한다. 조울증 내담자는 어떤 일을 꾸준히 하는 법이 없다. 그래서 안정적이지 못하고 경박하다는 느낌을 준다.

조울증 내담자와 대화를 나눌 때는 인내심을 가지고 다정하게 해야 한다. 상대방을 설득하려고 들면 오히려 부작용을 낳을 수 있으므로 되도록 논쟁을 피하는 것이 좋다. 또한 내담자가 너무 말을 많이 해서 피곤하다고 느낄 때는 다른 방법으로 주의를 환기시켜야 한다.

예를 들면, “시간이 많이 늦었네요.” “이제 좀 쉬고 싶어요.” 혹은 “저녁식사 시간이네요.”라고 말할 수 있다. 또는 “지금까지 당신이 한 말은 ~라는 거죠?"라며 내담자의 이야기를 요점 정리하듯 명료화해 주고, 내용들이 정리되었고 나에게 정확한 메시지로 전달되었으니 다른 이야기로 전환하겠다는 의사를 표명해 주어야 한다. 그러면 대부분의 조울증 내담자들은 이런 말을 쉽게 수용하는 편이다.

조울증으로부터 완전히 벗어나기 위해서는 조울증을 앓게 될 당시의 내적 갈등이나 주변 상황에서의 문제들을 분석하고 해소해야 한다. 이를 위해서는 심리치료사나 정신분석가와의 분석을 통하여 자신의 문제 해결에 대한 도움을 받아야 한다. 이러한 치료 방법을 심리치료라고 한다.

치료자가 슈퍼비전을 받아야 하는 네 가지 근거

1. 치료자가 자신을 잘 이해하게 되면 충동적인 행동을 할 가능성이 줄어들며, 자신의 역전이 반응을 잘 인식하게 된다.

2. 개인적 치료는 치료자가 직업 외적인 생활을 안정되고 만족스럽게 하도록 도움으로써 경청하는 능력을 향상할 뿐 아니라 치료자의 자기애적 욕구, 의존적 욕구, 성적인 소망을 만족시키기 위해 내담자를 이용하려는 유혹을 감소시킨다.

3. 효과적인 치료를 통해서 자기존중과 현실적인 자존감을 향상하게 되면, 치료자는 공격적이고 비하적인 대화 내용을 비방어적으로 이해하게 될 뿐만 아니라 공격받는 상황에서 어떻게 자존감을 보전하는지를 내담자에게 보여 줄 수 있다.

4. 자기 자신의 역동을 잘 이해하게 되면 타인에게서 나타나는 유사한 과정들을 잘 인식할 수 있게 된다.

제5장

사랑과 결혼,
내 마음 들여다보기

가슴에 사랑이 있으면
세상이 아름답게 보이며,
가슴에 눈이 내리면
세상은 모두 새하얗게 느껴지는 것,
모든 것이 내 마음 속에서
일어나는 일이니라.

1. 남녀의 만남으로 시작되는 사랑과 결혼

외모만을 따지지 말라.

그것은 당신을 현혹시킬 수 있다.

재산에 연연하지 말라.

그것들은 사라지기 마련이다.

행복을 짓게 할 수 있는 사람은

우울한 날마저도 밝은 날로 만들 수 있다.

이 지구상에 여자는 많으나 아내는 단 한 사람이어야 한다. 마찬가지로 남자는 많으나 남편은 단 한 사람이어야 한다. 아내는 한 남편의 거룩한 영토(가정)이기에 오직 하나뿐이다. 그래서 남편이나 아내를 얻기가 그토록 어려운 것이다. 남자가 남편으로서 한 영토의 제왕이 되면 그 영토를 잘 다스려 백성이 윤택하게 살 수 있도록 노력해야 한다. 그런데 어렵게 생긴 영토를 잘 가꾸지 않고 다른 영토를 욕심 내면 그 영토마저 빼기게 될 것이다.

아내가 남편을, 남편이 아내를 얻기 위하여 세상이 좋다는 모든 것을 포기(지불)했으니 그 소중함은 어떤 것과도 비교할 수 없다. 아내와 남편의 허물을 들추는 것은 상대를 시장에 내다 파는 것과 같다. 자신의 배우자를 흉보면 배우자가 자신의 흉도 보게 되니 서로가 가격을 떨어뜨려 다른 사람이 탐하게 하는 것이다. 농부가 씨앗을 들고 자신의 땅을 찾았을 때의 마음을 생각해 보라.

'잡아 둔 고기에게 밑밥을 안 준다.'는 말이 있다. 이는 참으로 어리석은 짓이다. 잡아 둔 고기에게 더 좋은 먹이를 줘야 크고 맛난 고기를 먹게 된다. 그렇지 않고 다른 물고기에 밑밥을 드리우면 밑밥만 먹고 도망가거나 혹은 낚싯줄을 잘라 먹고 달아날 수 있다. 이것은 자신의 배우자에게 소홀히 하여 한눈을 팔다가 부부 갈등의 골이 깊어지거나 이혼을 당하는 것과 다를 바가 없다.

아내는 아무나 얻는 것이 아니다. 아내를 얻기 위해서는 그만큼 노력과 대가를 치러야 한다. 남편도 마찬가지다. 세상에 존재하는 수많은 것 중 나는 작은 먼지와 같다. 그러니 내 삶이라 해서 내 맘대로 되는 게 얼마나 있던가? 내 삶을 내 마음대로 할 수 있다는 것은 바로 자신의 모양대로 자신이 설 수 있지만 쉽지는 않을 것이다.

사례: 부부란 군주인수의 마음으로 덕치하는 것이다

『정관정요(貞觀政要)』 [논정체(論政體), 「군도(君道)」 편, 위징(魏徵)의 말]에 군주와 신하의 긴밀한 협력과 상호 존중을 의미하는 말로서, "군주의 도리는 먼저 백성을 생각하는 것이다. 만일 백성의 이익을 손상시켜 가면서 자기의 욕심을 채운다면, 마치 자기 넓적다리를 베어 배를 채우는 것과 같아서 배는 부를지언정 곧 죽게 될 것이다……. 또 만일 군주가 이치에 맞지 않는 말을 한마디라도 한다면, 백성은 그 때문에 사분오열할 것이다. 마음을 바꾸어 원한을 품고 모반하는 이가 생길 것이요. 나는 항상 이러한 이치를 생각하고 감히 나 자신의 욕망을 따르는 행동을 하지 않았다."

이러한 생각에서 보면 '군주는 배이고 백성은 물(君舟人水)'이다. 물은 배를 띄울 수도 있지만 사납게 뒤엎을 수도 있다. 다시 말해, 남편이 남편으로서의 역할을 제대로 수행하지 못하면, 아내는 남편을 올바르게 내조하여 남편의 중심을 바로잡아 주기도 하지만 남편으로서의 자격을 박탈하기도 한다. 아내 역시 아내로서의 역할을 수행하지 못하면 똑같은 결과가 생긴다. 부부가 서로의 이치를 분별하지 못하고 배우자로부터 자신의 이득만 챙기려 하고 강요만 원한다면 부부로서의 자격이 부족한 것이다.

음양의 이치로 보면 남편은 집이고, 아내는 그 집 안의 살림들이다. 이는 곧 남편은 겉이고, 아내는 속이란 말이다. 음인 여자가 빛을 만나 생기를 얻고 양인 남자가 어둠을 만나 휴식을 얻는 것이다. 그러니 겉이 빛나려면 속이 꽉 차야 한다. 그러므로 남편은 속이 가득 찬 아내를 얻어야 한다.

참된 아내를 얻기는 모래알 속에서 보석 찾기보다 더 어렵다. 그러니 결혼은 적당히 해치우는 것이 아니다. 남편과 아내가 부부라는 삶을 함께 연출해야 하고 같은 목적을 갖고 연극의 막을 올리는 것이다. 연극이 성공할지 그렇지 않을지는 두 사람의 호흡이 얼마나 잘 맞느냐에 좌우된다. 아내는 남편의 속을 채우기 위해서 지혜롭고 영특하게 내조를 해야 한다. 남편은 아내를 먼저 생각해야 하고 아내가 행복함을 느끼게 만들어 주어야 하며, 또한 아내도 남편을 그

렇게 생각해야 한다. 부부가 상대의 마음에 상처를 주면서 자신의 욕심을 채운다면 부부의 도를 벗어난 것이다. 부부가 이치에 맞지 않는 말을 하면 상대는 무시당하는 기분이 들어 상처를 받게 될 것이다.

요즘 젊은 사람들은 좋은 조건의 결혼 상대자를 찾고자 하는 욕심이 너무 강하다. 결혼이란 사랑과 믿음이 우선되어야 하는데 외모와 좋은 조건이 앞서는 것을 보니 그 결말은 말하지 않아도 눈에 선하다. 마음이 그렇다 보니 이 사람 저 사람 만나 보면서도 결혼까지는 성사가 잘되지 않는 것이다. 늘 상대의 덕을 보고 싶어 하는 마음이 앞서기 때문이다. 부부가 서로 상대의 덕을 보고자 하는 욕심이 앞서면 결과적으로 자신이 괴롭고 힘들어질 것이다. 그런데도 많은 사람은 막상 욕심이 쉽게 버려지지 않는다.

내 남편, 내 아내가 아닐 때에는 내 남편, 내 아내로 만들려고 열심히 쫓아다니지만, 다 잡아 놓고 보면 언제나 내 것이 되어 있을 거라는 믿음이 만용을 부려 상대를 의식하지 않고 살아가게 되어 버린다. 잡아 둔 물고기에 밑밥을 주지 않듯, 결혼하고 나서 남편이나 아내에게 사랑과 믿음, 관심을 주지 않으니 배우자는 당연히 삶에 의욕이 없을 수밖에 없다. 또 자꾸 무미건조하다고 불평하니까 결혼을 괜히 했다고 후회하게 된다. 그러니 사기당했다고 원망하게 되고, 그래서 자신이 바보같다고 괴로워하게 되니 마음까지 아프고 불행해진다. 그렇게 계속 욕심을 내면 화를 자초하게 되는 것이다. 화가 화를 부르는 악순환이다. 자신의 분수에 넘치는 이런 욕심을 버릴 수는 없는 것일까.

부부란 흩어져 있는 또 다른 나를 찾는 것과 같다. 그래야 부부란 온전한 하나가 되는 것이다. 인간만이 공감대를 갖는 소중한 사랑, 그 사랑은 마음(心)과 몸(生)이 함께하는 것이다. 그런데 욕심이 나니까 서둘러 행동이 앞서 나가고 마음은 뒤처진다. 그 때문에 우리는 결혼과 이혼이 아이에게 미치는 영향을 제대로 한번 고려하지도 못한 채 결혼을 강행하게 되고, 또 조금만 마음이 토라지면 이혼을 하려고 한다.

2. 결혼과 이혼 그리고 그 아이들

역지사지

당신의 마음이 상처받았다면

당신의 상대자도 상처를

받았음을 인식할 수 있는 지혜로움을…….

우리는 서로 사랑하고 그리워 더 이상 헤어지는 순간이 싫고 두려워 발걸음이 떨어지지 않아서 함께 살고 싶어 한다. 그래서 우리는 한 지붕 한 가족이 되는 것이다. 그렇게 한 가정 속에 일원으로서 서로의 역할을 열심히 해 나가는 지혜를 발휘해야 한다. 서로 존중하고 서로에게 필요한 존재가 되려고 애쓰며, 자신의 반 이상을 상대에게 내어줄 수 있도록 노력해야 한다.

그 과정에서 서로 자신의 반이 넘어섰다 여기면 자신의 주장성이 높아지고 더 이상 물러서고 싶어 하지 않는다. 그럴 때 우리는 서로 아픈 상처에 소금을 뿌리는 소리를 하게 되고, 그 속에서 자라는 아이는 아픈 소리를 듣게 된다. 그런 가운데 서로 눈치를 보는 진풍경이 전개되는 것이다. 자녀는 어느 쪽을 따라야 할지, 어느 부모가 옳은지 파악하지 못하게 되고, 자기 기준에서 아버지 아니면 어머니의 편에 서는 힘든 일이 생기기도 한다.

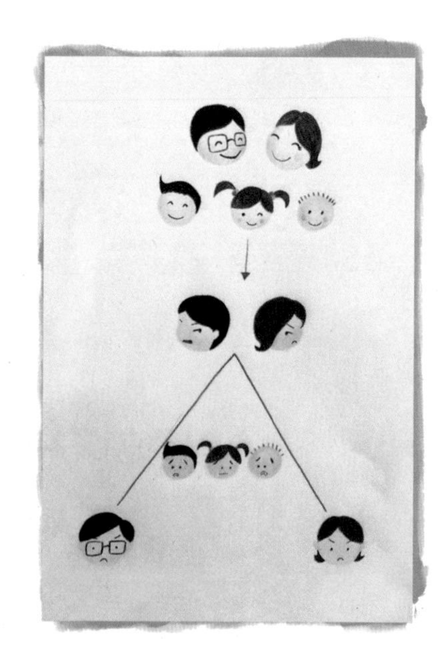

캄캄한 밤길을 가는 것과 같이, 아이의 입장에서 보면 인생이란 모든 것이 두렵고 무섭다. 저만치 앞서 가는 부모의 발자국 소리만 듣고 한 곳을 향해 가는데, 어느 날 내 부모의 발자국 소리가 두 갈래로 갈라져 어느 쪽으로 가야 할지 우왕좌왕하는 혼란

을 겪게 된다. 부모는 서로의 길을 가며 아이가 따라오길 바란다.

어떤 부모는 아이가 자신에게 짐이 될까 봐 아예 포기하고 떠나기도 한다. 하지만 아이는 앞에서만 들리던 발자국 소리가 어느 날 좌우로 갈라져 소리를 내고 있으니 어느 방향이 진실인지도 모르고 헤매게 된다. 그래서 결손가정의 아이가 혼란스러워하고 갈피를 못 잡는다는 말이 나오는 것이다.

사례: 내 마음의 방향에서만 보려는 무의식의 작동

어느 여성 내담자(50세)는 재혼을 하려고 얼마 전 결혼상담소를 통해 자신이 평소 동경하던 유능하고 멋있는 남성을 만났다. 첫인상부터 마음에 들었다. 그녀는 그 사람을 믿었고 너무 좋아했다. 그녀는 꿈에 부풀어 결혼 설계를 하기로 마음먹었다. 주위의 많은 사람이 이 결혼에 대해 우려를 하였고, 콩깍지 씌었다며 반대가 많았다. 그러나 그들은 열정적인 사랑에 빠져 결혼을 하게 되었다.

그러나 문제는 결혼한 다음부터 발생하였다. 그렇게도 지적이고 유능한 남편이 어느 날 문득 돌변했다. 남편은 내담자를 믿어 주지 않았으며, 결혼 예물이 너무 적다는 등의 이유로 엄청난 박해와 스트레스를 가하기 시작했다. 또 연애 시절과는 전혀 다른 성격이 하나씩 나타나기 시작했다. 더구나 시댁 식구마저 남편을 두둔하기 시작하면서 문제가 심각해졌다. 결국 1년만에 이혼을 하게 되었다. 내담자는 지금 심한 스트레스로 우울해하고, 지나간 시간을 너무 허무하게 낭비한 것 같다며 상담을 요청하였다.

결혼 적령기에 있는 젊은 세대에서는 외모 지상주의로 조건만 보고 결혼을 했다가 낭패를 보는 경우가 많다. 내가 욕심을 많이 내면 그것은 독이 된다. 이 사례에서는 재혼이기에 더더욱 쉽지 않다. 초혼의 쓰라린 고통을 감내하고 내 마음에 더 이상 상처를 주지 않을 사람을 찾는 것이 무엇보다 중요하다. 어떻든 간에 이 사례의 내담자는 사려 깊지 못한 결정을 함으로써 결혼생활을 불행으로 끝맺게 되었다.

용모로 사람을 취하는 것은 대단히 큰 실수다. 이모취인(以貌取人), 사람의 능력이 그의 외모에 의해 오히려 과소 또는 과대 평가될 소지가 있다는 의미다. 이 내담자처럼 외모로 진면목을 못 보는 어리석음을 범해서는 안 된다. 외모를 보고 결혼하면 외모 때문에 다른 사람에게 인기가 있어 그것이 곧 서로 간의 다툼의 원인이 되어 힘들게 되고, 재력을 보고 결혼하면 재력이 떨어질 경우 사이가 멀어지기 마련이다. 그런데 따스한 가슴이 좋아 결혼하면 정이 많아 행복해지는 것이다.

최근 우리나라는 OECD 국가 중 이혼율이 가장 높은 국가로 선정되었다. 이혼율이 급격히 증가한 이유는 무엇일까? 우리네 부모 세대는 삶의 애환을 간직하면서 살아왔다. 역사적으로 많은 외세 침략과 함께 수탈당하면서 인고의 세월을 겪어 왔다. 그러나 요즘은 산업화로 대가족 제도에서 핵가족 제도로 그리고 경제 개발에 따라 정(情)에 의한 삶보다는 경제력과 학벌, 외모 지상주의 세태로 변하였기에 그에 따른 기대심리가 작용한 것이다. 내담자의 경우에도 이런 기대심리로 상대방을 제대로 보지 못했고, 자신에게 유리한 쪽으로만 결혼을 생각하였기 때문에 이런 문제가 발생했던 것이다.

지혜로운 사람은 자신의 의견과 모두 일치하는 사람을 배우자로 선택하지는 않는다. 오히려 자신의 의견에 반대할 수도 있는 사람을 배우자로 선택한다. 왜냐하면 자신이 보지 못하는 부분을 볼 수 있기 때문이다. 어리석은 사람은 모든 일을 자신이 다 나서서 간섭하고 조정하려 한다. 결국 배우자는 시키는 일만 강요당하게 된다. 겉으로 보이는 외모나 경제력, 지위를 가진 배우자를 선택하여 결혼함으로써 자신의 부족한 부분을 채우려고 한다면, 어떤 문제가 생기기 마련이다. 그 사람의 됨됨이를 잘 살펴 배우자를 선택해야만 자신이 행복해질 수 있을 것이다.

인간관계에서도 마찬가지다. 첫인상이 좋다고 지나치게 믿었다가 사기를 당하고 나서 "그 사람 그렇게 보이지 않았는데, 감히 나를 가지고 사기를 치고 배신을 해!"라고 분노한다. 상대방을 일방적으로 좋게 생각하는 것은 무의식의 긍정적 방어기제에서 드러난다. 또 인상이 나쁘다는 이유로 상대방을 거칠게 대하는 것은 무의식의 부정적 방어기제에서 작용하는 것이다. 이러한 것은 자신을 위험으로부터 보호하려는 방어적 본능에서 나타나는 것이다. 그것은 자기중심적으로 인식하고 판단하려는 본능적 욕동이다.

이 내담자의 기대심리는 배우자에 대한 긍정적인 방어적 본능으로부터 출발했다. 그러나 결과적으로는 그것이 자신의 내면에 많은 상처를 남긴 부정적 결과가 되었다. 기대심리로 너무 믿었던 남편이 심한 박해와 스트레스를 가한 것이다. 그러나 문제는 사려 깊지 못한 자신의 선택으로 야기된 부정적 결과를 남편 탓으로 돌렸다는 것이다. 마음속엔 남편에 대한 분노와 원망이 있었고, 시댁 식구마저도 미웠다. 언제 이 남편이 믿어 달라고 했던가? 남편은 그 자리에 원래의 성격대로 그냥 있었다. 그래서 내담자의 주변에 있는 많은 사람은 이 결혼에 대해 크게 우려하였으고 콩깍지 씌었다며 반대도 많았다.

이 사례에서 내담자는 상대를 너무 과대평가함으로써 그 사람의 가려진 부분을 보지 못한 결과를 낳았다. 주변 사람의 생각과는 다르게 자신이 원하는 부분만 보았기 때문이다. 그래서 혼자 일방적으로 그 사람을 믿었고, 자신의 기대심리와 욕구가 뜻대로 이루어지지 않자 남편을 원망하게 되었다. 다시 말해, 내담자는 상대의 보이는 부분만 보고 가려진 부분, 그 너머의 것은 보지 못한 자신의 중대한 실수를 인정하지 않고 자신의 행동을 끝까지 정당화하려고 방어하였다.

3. 내면의 분노

부주의한 말은 싸움을 일으킬 수 있다.

잔인한 말은 인생을 파멸시킬 수도 있다.

사랑스러운 말은 마음의 상처를 치료해 준다.

'조절간맹(蚤絕姦萌)'이라 했다. 화근의 조짐이 되는 것은 싹부터 잘라 버려야 한다는 것이다. 욕심을 버리고 싶다면 그냥 버리면 그만이다. 예를 들어, 담배가 내 몸에 해로운 줄 안다면 그냥 안 피우면 되는 것과 같다. 오늘은 20개비 피웠다가 내일은 15개비, 모레는 10개비, 꼭 그렇게 줄여 가야 하는 것은 아니다. 그냥 내 몸에 해가 된다면 그냥 버리면 되는 것이다. 매일 조금씩 줄여 나가려고 노력할 필요도 없다. 또 욕심을 버리려고 해도 그렇게 되지도 않는다.

앞의 '내 마음의 방향에서만 보려는 무의식의 작동' 사례를 다른 관점에서 보자. 만약에 내담자가 욕심을 버리지 못하면 남편에 대한 분노를 외부로 표출하지 못하고 자신의 내면으로 가져가 스스로를 학대하게 된다. 예를 들면, '이런 바보 멍청이 같은 내가 싫다.' '그와 같은 멍청한 결정을 한 내가 밉다.' '그렇게 말릴 때 한 번 더 생각했어야 하는데, 난 정말 바보멍청이야.' '나는 안 되는구나. 나는 뭐 하나 제대로 하는 게 없어.'와 같이 자신을 학대하는 것이다. 상대를

미워하는 것도 괴로운 일이지만, 이런 식으로 자기를 미워하는 것 또한 고통이 될 뿐이다. 애써 욕심을 버리려고 노력할 것도 없다. 욕심이라는 것이 버리려 한다고 해서 버려지는 게 아니니까 말이다.

이와 같은 자기 학대는 외부에 대한 공격이 자신의 내면으로 향하는 일종의 무의식적 방어기제다. 우울증이나 피학증으로 주로 나타나는 무의식적 방어기제는 의식적 활동을 방해하여 건전한 판단을 저해하게 된다. 어쩌면 그것이 자신을 위험한 상황으로 내몰 수도 있다.

앞서 제시한 사례에서 내담자는 결혼 대상자를 선택할 때 자신이 선호하는 관점에서 상대를 보려는 경향이 강하였다. 자신의 관점에서 좋은 것이 다른 사람의 관점에서도 과연 좋은 것인가를 한 번 더 생각하는 것이 필요했다. 또 내담자가 무의식적으로 무엇인가를 추구하려는 경향이 있었는지 생각해 보아야 할 것이다. 그리고 자신이 진정 행복한 방향으로 그것을 선택하고 있는가를 판단하여야 한다. 이 내담자는 상대의 긍정적인 면만 보려고 했기 때문에 그에 가려진 부정적인 면을 미처 보지 못했을 뿐이다.

마치 음양의 이치에서 선이 있는 곳에 악이 있고, 악이 있기 때문에 선이 드러나는 것이다. 다시 말해, 내담자는 긍정적인 면만 보려고 하였기에 부정적인 면은 가려져 보이지 않았을 뿐이다.

잘못된 선택에 대해 그냥 내가 '잠시 눈에 먼지가 들어가 그 사람을 제대로 보질 못했네.' 하고 인정하면 되는 것이다. 양파 껍질 벗기듯 몇 번 인정하고 나면 좋아진다. 그저 시간이 조금 걸릴 뿐이다. 그냥 '나도 괴롭지만 그 사람도 많이 힘들었겠구나!' 하고 마음을 열어야 한다. 자신의 행복을 다른 사람과 비교하면 결코 행복해질 수 가 없다. 새의 관점에서 세상을 향해 내려다보면 형형색색의 사람들이 보이게 될 것이다.

나보다 더 좋은 조건만 찾아 누군가와 비교하면 '나는 불행하다.'고 느낄 것이기 때문이다. 누군가를 싫어하면 우리의 무의식은 그 사람을 꼭 닮아 간다.

4. 부부 갈등이 아이에게 미치는 영향

부모는 아이의 모델.

부모의 언행이 아이의 성장을 좌우한다.

아이는 부모의 축소판.

Tip
인간과 짐승의 차이

인간은 엄마가 아기에게 가서 젖을 주지만, 짐승은 새끼가 어미를 찾아가서 젖을 먹어야 한다.

실제로 부부 갈등이 아이에게 미치는 영향을 살펴보면, 아이의 스트레스가 증가하거나 부정적 정서가 유발되거나 또래와의 놀이과정에서 공격성이 증가하는 등 부정적인 영향을 미치는 것으로 나타났다. 또 부부 갈등은 역기능적인 부모-아이 상호작용을 일으키므로 아이 양육에도 부정적인 영향을 미친다. 또 부부싸움을 아무리 숨기려고 해도 아이들은 그것에 대해 직감적으로 텔레파시(telepathy)가 통한다. 그래서 아이는 부모의 감정을 그대로 느끼게 된다. 쉽게 말해, 이 텔레파시는 일종의 주파수, 파장으로서 아이가 많이 아프면 무의식적으로 엄마가 아픔을 느낀다든지 하는 것이다.

그래서 부모가 갈등을 일으키면 아이들의 가슴은 혼란스럽기 그지없다. 따라서 부부 갈등이 아무리 심할지라도 아이들 앞에서 서로 비난하거나 경멸하는 것, 막말을 함부로 하는 것은 바람직하지 못하다. 칠규와 오장[1]을 갖추지 못한 지렁이도 제 몸의 해를 피해 이로

1 칠규(七竅)란 얼굴에 있는 7개의 구멍 — 눈 2, 귀 2, 콧구멍 2, 입 — 을 일컫고, 오장(五臟)은 사람의 몸속에 있는 다섯 가지의 중요한 장기 — 심장(心臟) · 비장(脾臟) · 폐장(肺臟) · 신장(腎臟) · 간장(肝臟) — 를 일컫는다.

움을 향해 나아가는데, 분노의 솟구침이 눈에 뻔히 보이는데도 눈뜨고 그 길을 가서 제 몸을 망치고 일을 그르치는 사람들을 보면 안타까울 따름이다. 어떤 부부의 비난과 경멸스러운 대화 내용을 보자.

사례: 비난과 경멸스러운 대화

일요일 늦게까지 남편이 늦잠을 자고 있었다. 그때 남편을 흘겨보던 아내가 "당신은 도대체 어떻게 된 사람이 일요일만 되면 잠만 자?"라고 말을 시작했다. 그러자 남편이 "잠 좀 자자. 평일에 니들을 위해 죽어라고 일만 했잖아. 일요일엔 나도 좀 쉬고 싶다고."라고 말하면서 이불을 푹 뒤집어썼다.

다시 아내가 "당신은 애들한테 매일 거짓말만 하고 있잖아? 애들이 놀이공원 가려고 일요일을 얼마나 기다렸는데, 왜 매일 약속을 어겨?"라고 공격했다. 그러자 남편이 벌떡 일어나 "그러는 당신은 주중에 도대체 뭘 했는데?"라고 말했다.

아내가 비난을 멈추지 않자, 남편은 아내에게 "야야! 이 정도면 복에 겨운 줄 알아, 제기랄!"이라고 말했다.

이 부부의 대화 내용에서 비난과 경멸스러운 표현들을 조금 다르게 생각해 보자.

아내가 "당신은 도대체 어떻게 된 사람이 일요일만 되면 잠만

자?" 하는 이 말을 이렇게 표현한다면 어떨까?

"당신이 우리 가족을 위해 매일 수고하는데 일요일은 좀 쉬고 싶겠다, 그렇죠?" "당신이 얼마나 힘들면 아이들과 놀이공원 가기로 한 약속을 잊었겠어요?" "당신이 많이 힘든가 보다. 그런데 아이들과 이번 주는 놀이공원 가기로 약속을 했는데 당신 어떻게 하면 좋을까요?"

이런 표현을 사용한다면 듣는 남편이 가슴속에 잔잔한 사랑을 느끼게 되지 않을까? 또 남편의 "잠 좀 자자. 평일에 니들 위해 죽어라고 일만 했잖아. 일요일엔 나도 좀 쉬고 싶다."는 대답도 이렇게 바뀌지 않을까 싶다.

"고마워, 그렇게 말해 줘서. 이제 좀 쉬었더니 괜찮아. 아이들과 준비해서 놀이공원 가야지." "아차, 내가 아이들과 약속한 것을 깜박 잊고 있었네. 힘들지만 아이들과의 약속은 꼭 지켜야 하는 건데. 깜빡 잊고 있었네, 미안해." "내 마음을 알아주는 사람은 역시 당신뿐이야. 아이들과의 약속인데 꼭 지켜야지."

이렇게 좋은 감정이나 긍정적인 표현들로 바뀐다면 부부간의 신뢰가 점점 더 형성되고, 가족 간의 불안은 점차 사라질 것이다. 부모가 참된 사랑으로 살아간다면 아이들은 진정한 삶의 의미를 알게 되지 않을까?

아이들의 정신적인 측면에서만 본다면 부부 갈등이 심한 경우보다는 차라리 부모가 없는 편이 훨씬 나을 수도 있다는 연구 결과도 있다. 부모가 없는 사람은 부모를 그리워하기는 하지만 부정적인 부모로 인해 정신분열을 일으키지는 않기 때문이다. 다음 내담자의 호소를 살펴보자.

사례: 부부 갈등을 보고 자란 아이

늘 목의 통증과 두통을 호소하는 어느 내담자가 상담실을 찾아왔다. 그는 자신이 어렸을 때부터 늘 책임감이 너무 강하고 예민한 점이 있었기 때문에 이런 신체적인 증상을 겪는다고 호소했다. 그러나 이러한 생각만으로는 자신의 증상을 호전시키지는 못하였다.

그런데 6회기 상담에서 내담자는 자신이 어렸을 때 부모님이 서로 몹시 심각하게 싸우던 날을 상기했다. 그때 자신을 두고 떠나던 어머니 모습을 떠올렸다. 내담자는 부모님 사이에 긴장감이 형성될 때마다 늘 숨 막히게 목이 조여 옴을 느꼈다.

그러나 그때는 너무 어려서 아무것도 할 수가 없었다. 부모님이 싸울 때마다 두려움과 불안에 휩싸여 한쪽 구석에 쪼그리고 앉아 울고만 있었다. 그럴 때마다 자신은 제대로 한번 큰 소리도 내지 못했다. 그러고는 자신의 그런 어린 시절 경험이 현재 늘 긴장하며 사는 모습과 연결됨을 이해하게 되었다.

이러한 분석 결과, 내담자는 상처받은 자신의 내면 아이를 하나씩 소거함으로써 마음이 편안해지기 시작했다. 그리고 내담자는 점차 더 적극적으로 자기주장을 하게 되었다. 그 이후로 목의 통증이나 두통이 완전히 사라졌다.

이 내담자의 경우처럼 부모의 폭행은 성인이 되어서도 부모를 미워하는 감정을 내면 깊숙이 흔적으로 남게 만들 것이다. 그게 바로 무의식의 세계이며, 언제 수면 위로 돌출할지 알 수가 없다. 삶에서 처음으로 주고받는 상처는 부모로부터 온다.

치료를 하는 과정에서 내담자는 어느 순간 깨달음, 통찰이 있었다. 내담자는 자신의 어린 시절 부모님이 싸우는 모습과 그 과정에서 갈등을 찾았다. 통찰이란 이전의 자신 안의 세계에서 자신의 모습을 보지 못하다가 어떤 자극이나 시점에서 '아하!' 하고 찾아내는

새로운 관점(new/different perspective)으로 자신을 보는 것이다.

〈객관적 관점에서 자신을 보게 된……〉

그것은 갑작스러움, 놀라운 느낌 혹은 모든 것이 한꺼번에 합쳐지는 듯한 경험으로, 이성적인 것뿐만 아니라 행동을 이끄는 감정적인 것이기도 하다. 바로 '아하 경험(Aha-experience)'인 것이다.

어떤 증상의 원인을 머리로만 이해해서는 안 된다. '대오각성(大悟覺醒)'이 있어야 한다. 내담자는 증상의 원인, 즉 어느 순간 부모의 갈등에서 일어난 다툼이 자신에게 어떻게 영향을 미치게 되었는지를 머리와 가슴, 온몸으로 느끼기 시작했다. 뭔가 깨달았을 때 우리가 '아하!' 하고 말하는 것을 떠올리면 이해하기 쉬울 것이다.

5. 순환하는 상처

억압된 자아의 고통은 제2의 성장을 하는 청소년기에 나타난다.

하지만 언제나처럼 무시하는 어리석음에서 빠져나오지 못해

반복되는 상처로 가슴에 더 깊이 못을 박아 넣는다.

'자라 보고 놀란 가슴 솥뚜껑 보고 놀란다.'는 속담이 있다. 이는 어떤 일을 하다가 크게 놀라거나 다치게 되면 그다음부터는 조심하게 된다는 말이다. 비록 지금은 부모가 싸우지 않더라도 옛날에 어머니를 때린 아버지를 미워했던 기억이 무의식에 흔적으로 남아 있다. 그것은 미워하는 게 이미 '습(習)'이 되었기 때문이다. 이런 습을 버리지 않으면 계속 아버지나 아버지와 비슷한 어른을 미워하게 된다.[2] 이렇게 되면 아버지와 아버지를 닮은 어른을 미워하는 자기 자신에 대한 자긍심이 적어질 수밖에 없다. 자긍심이 없는 사람은 마음이 위축되기 때문에 당당하지 못하다. 그렇다면 당당하지 못한 자신의 행동은 언제나 수동적으로 움직이게 될 것이며, 자신의 뜻대로 되지 않는 사회를 원망하게 될 것이다.

이런 부정적인 감정을 소거시키지 않고 내면 깊숙이 쌓아 둔 채 성인이 되어 결혼을 한다면 부작용이 나타날 수밖에 없다. 아버지가 어머니를 때리는 모습을 보고 자란 아이, 특히 그 딸에게 큰 부작용이 나타날 확률이 높다. 그 딸은 결혼한 후 남편이 친정아버지와 비슷한 행동만 하여도 남편의 생각이나 행동에 대한 설명을 듣기도 전에 과민반응을 보이게 된다.

이를 우리의 몸에 비유해 보자. 만약 최근에 어깨에 부상을 입어 치료를 했다면 어떤 사람과 살짝 부딪히기만 해도 매우 아플 것이

2 아버지에게 확실히 적개심을 느끼고 있는데도 그런 감정이 없다고 부인하는 내담자의 경우는 부모를 증오하는 자기 자신을 수용할 수 없기 때문일 것이다. 이때 치료자는 내담자가 부모에게 증오심을 나타내는 것에 대한 죄책감을 느낄지도 모른다고 가정할 수 있다. 따라서 내담자가 자신의 감정을 부인한다고 하더라도 치료자의 공감적 이해 반응은 결실을 맺기 마련이다.

다. 그러면 버럭 화를 먼저 내게 된다. 그때 자신과 부딪힌 상대방은 "뭘 그 정도 가지고 화를 내냐?"고 짜증을 낼 것이다. 하지만 상처를 입은 내 입장에서는 그 소리에 더욱 마음이 상하게 된다. 상대방은 도대체 자신이 무슨 큰 잘못을 저질렀는지도 모른다. 도리어 "내가 뭘 어쨌다고 화를 내냐?"고 할 것이다. 화의 악순환이 사슬처럼 얽히게 되는 것이다. 이것이 우리의 일상생활이다. 모든 것은 내 마음에 있다. 내가 그것을 어떻게 받아들이느냐의 문제인 것이다. 이런 악순환의 고리를 선순환으로 전환할 때 우리는 진정 행복을 누리게 될 것이다.

가정에서도 마찬가지다. 남편이 전혀 모르는 과거의 상처를 가진 한 아내가 있었다. 아내의 상처를 모르는 상황에서 남편은 자기 생각대로 어떤 표현을 하는데 그것이 아내의 상처와 결합되면 아내는 심한 모욕감이나 경멸감을 느끼게 된다. 그래서 아내는 버럭 화를 내거나 심하게 토라져서 말을 안 하게 될지도 모른다. 어쩌면 남편에게 강한 분노심을 가지거나 공격을 가하게 될지도 모른다. 그러면 남편은 "이 여자 성질 정말 더럽군."라고 할 것이다. 남편의 입장에서는 도대체 아내가 왜 성질을 내는지 알 수가 없기 때문이다. 그렇다고 결혼 전의 어떤 상처나 트라우마를 다 말할 수도 없는 일이다. 다음 사례의 내담자 부부의 대화 내용을 살펴보자.

사례: 비난과 경멸스러운 대화

결혼생활 27년차, 2년 넘게 각방을 사용하는 부부가 이혼을 생각하고 있다. 남편은 거의 매일 술을 마시고 새벽녘에 들어온다.

남편은 오늘도 고주망태가 되어 새벽 2시를 넘겨 들어왔다. 그러자 아내가 "또 술 먹고 들어왔구나? 아이고, 지겨워." 라고 비난했다. 그러나 남편은 아예 못 들은 척하고 담을 쌓았다. 남편이 씻고 나오자, 아내는 "도대체 당신은 어떻게 된 사람이기에 그렇게 맨날 술만 마시고 다녀? 오늘은 또 누구랑 마셨어? 지금이 몇 시인 줄 알아?" 하고 비난했다.

그러자 남편이 "그만 좀 해라. 그놈의 잔소리 이제 지겨워 죽겠다. 내가 내 돈으로 마셨냐? 친구들이 사 줬다, 왜?"라고 방어성 대꾸를 했다. 이에 아내는 "그 꼴같잖은 친구들, 하나같이 할 일이 없으니까 당신 불러내는 거지." 하고 경멸스럽게 말했다. 그러자 남편이 신경질적으로 "당신은 친구도 없잖아! 내가 술 마신다고 외도를 했어, 폭력을 휘둘렀어? 도박을 했어? 친구들하고 술 마시는 것까지 막으면 무슨 재미로 살라고? 당신같이 못된 여자랑 살아 주는 것만도 감지덕지인 줄 알아."라고 방어와 함께 경멸스러운 감정을 나타냈다.

이 사례는 술로 시작된 부부간의 말다툼이다. 하지만 그 결과는 서로 다른 부분에 대한 비난, 경멸, 방어, 담 쌓기로 이어졌다. 그러니까 당연히 대화가 단절될 수밖에 없다. 갈등이 시작된 술에서 상대의 비위를 건드리는 곳으로 옮겨 가 버리니까 상처를 주는 사람도 상처를 받는 사람도 상처의 골만 점점 깊어진다.

이 사례의 분석 초기를 좀 더 구체적으로 살펴보면, 남편은 열한 살 때 어머니가 갑자기 사망하고 3년 뒤엔 아버지가 과로로 사망하였다. 그리고 고아처럼 살다가 군대를 제대하고 곧바로 사회생활을 시작하였다. 그렇기에 남편에게는 친구가 형제이고 부모였다. 남편은 친구가 술 마시자고 하면 자다가도 뛰어 나간다. 아내는 그런 남편이 너무 싫었다. 그러나 아내가 남편의 어린 시절 상처인 분리불안과 인정의 욕구를 이해한다면 남편과 아내는 서로 힘이 되어 줄 수 있을 것이다.

한편, 아내의 친정엄마는 억척스러운 섬마을 아낙이었고, 아버지는 무능했다. 어머니는 힘들 때면 술을 마셨고, 온 동네에서 술주정을 했다. 중학교 3학년 어느 날, 그녀는 동네 아줌마들에게 술주정을 하고 있는 어머니를 보게 되었다. 친구와 함께 있던 그녀는 너무 창피해 숨고 싶었다. 부모가 아이의 자아 형성과 자아정체감에 매우 중요한 역할을 하는 나이에 그녀는 큰 상처를 받은 것이다.

그래서 결혼 후에 남편이 술 먹는 모습을 보면 자신도 모르는 혐오감에 분노가 치밀어 올랐다. 아내는 단순히 술이 싫었다. 그래서 술 먹고 오는 남편에게 화를 내고 잔소리를 하게 되었다. 아무리 잔소리를 해도 별 소용이 없으니까 그녀는 점점 더 화가 난 것이다.

겉으로 봐서는 술 문제이지만, 사실은 과거의 아픈 상처가 더 깊은 내면에 숨어 있는 것이다. 여기서 남편의 행동은 어머니의 행동과 일치되게 일어나는 공격인 것이다. 이런 경우 서로의 어린 시절을 서로 인정해 주고 이해해 주면서 내면 아이 문제를 소거해 나가면 치료가 될 것이다.

일단 말을 먼저 꺼내는 쪽이 부드럽게 시작하는 것이 좋다. 여기서는 아내가 먼저 "난 당신이 술 마시고 늦어지면 걱정돼요. 당신은

〈나-전달법〉

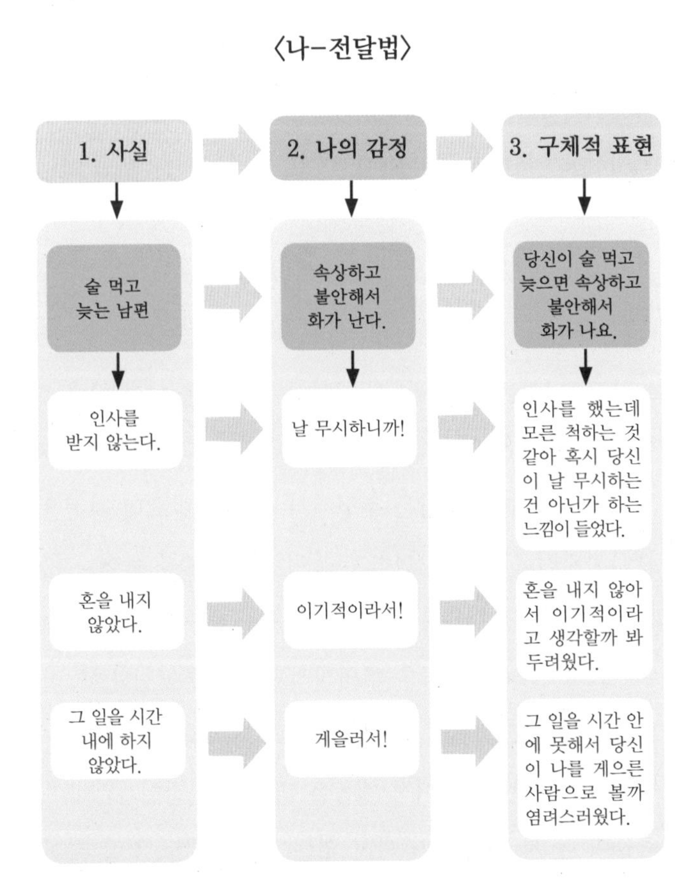

우리 집의 기둥이잖아요."라고 남편이 술을 먹고 늦어지면 자신이 걱정되고 초조하고 불안해진다는 것을 '나－전달법(I－message)'으로 표현해 본다면 좋을 것이다.

이러한 것은 심리치료사가 내담자와 이야기함으로써 치료가 가능하다. 처음에 말을 꺼내는 사람이 부드럽게 말을 하면, 상대는 놀랍게도 온순하고 공손해진다. 부드러운 시작은 대화의 전환점이 되기도 한다. 건강한 부부관계의 기초는 바로 서로의 신뢰성이다.

이 사례에서 아내는 '이 사람이 술만 안 마시면 우리 집은 아무런 문제가 없을 것이다.'라고 생각했고, 남편은 '서로의 성격 차이 때문에 못 산다.'라고 생각한 것이다. 하지만 성격 차이가 문제가 아니다. 성격은 고치기도 어렵고 꼭 고쳐야만 사이가 좋아지는 것도 아니기 때문이다.

서로가 각자의 기준에서 인식하고 분별했기 때문에 27년을 싸워도 해결이 안 났던 것이다. 아내는 비난이나 경멸스러운 표현보다는 요청을 하고, 남편은 방어나 담쌓기보다는 인정을 해야 한다. "그래, 내가 늦도록 술 마시면서 연락을 안 해서 당신 걱정 많이 했지? 미안해."와 같이 말이다. 사람은 누구든지 공격을 받으면 자신을 위험으로부터 지키려고 하는 방어적 본능이 있다. 예를 들어, 자동차를 운전하다가 갑자기 끼어드는 차를 발견했을 때 자기도 모르게 핸들을 반대편으로 돌리는 현상은 무의식적으로 이루어진다. 그것은 위험한 요소가 없는 반대편이 더 안전하다고 느끼기 때문이다.

이 사례에서 남편의 방어적 행동은 과연 합리적인가? 아마도 다른 사람들이 볼 때 위험하기 짝이 없는 상황인데도 정작 자신은 그것이 안전하다고 느끼는 경우가 종종 있다. 이것은 무의식의 지배를 강하게 받았기 때문이다. 결과적으로 남편이 안전하다고 판단한 것이 오히려 위험한 행위가 되어 자신과 가족관계를 파멸로 이끄는 원인이 되기도 한다.

또 대부분의 사람은 비난을 받으면 상대에게 다시 비난의 화살을 보낸다. 여기서도 아내의 비난을 받으니 남편은 담쌓기로 대응했다. 그리고 경멸은 반드시 되돌아온다. 내가 상처 낸 만큼이 아니라 몇 배로 이자를 불려서 되돌아올 수도 있다. 과거의 선악의 인연에 따라 훗날 '길흉화복(吉凶禍福)'을 받게 되는 것이 '인과응보(因果應報)'다. 좋은 일에는 좋은 결과가, 나쁜 일에는 나쁜 결과가 따르기 마련이다. 경멸의 에너지는 사방에서 받게 되므로 최소한 4배 이상의 답을 받게 된다.

이 사례에서 아내가 남편 혹은 남편이 아내의 부모까지 족보를 따지면서 경멸스러운 표현을 한다면 대화는 걷잡을 수 없이 험악해지게 된다. 서로 간에, 특히 부부간에 경멸스러운 언어를 사용하게 되면 그 대가는 반드시 4배 이상으로 늘어난다는 점을 명심해야 한다.

처음 화를 낸 사람은 이것저것 생각해서 화를 내지만, 그 화를 받는 사람은 아무 생각 없이 있다가 화를 받으니 공격이 더 강화되는 것이다. 그래서 화를 낸 사람보다 나중에 화를 받는 사람이 받을 상처가 더 큰 것이다.

세상에는 불변의 이치가 하나 있다. 바로 산울림의 법칙이다. "야, 이 원수야! " 하고 소리치면 반드시 "야, 이 원수야!" 하고 메아리쳐 온다. "사랑해!"라고 하면 반드시 "사랑해."라고 답이 온다. 이것은 만고 불변의 진리요 법칙이다. 그렇다. 바로 이것이다. 처음에 큰 소리로 "야, 이 원수야!" 하면 메아리는 울림으로 산천으로 소문을 내버린다. 바로 이런 원리인 것이다. '임금님 귀는 당나귀 귀'와 같은 원리다. 나는 겨우 한 목소리로 했지만, 메아리는 산천으로 울려 퍼져 나가는 것이다. 벽에 못을 박았다가 잘못 박았다고 다시 빼내면 그 자국이 과연 없어질까? 한 번 상처를 주면 그 흔적이 남기 마련이다.

일상생활의 인간관계에서 보면, 어떤 사람은 평소에 괜찮다가 타인의 어떤 말이나 행동에 가끔 비이성적으로 반응을 일으키기도 한다. 이것은 그 부분에 대한 상처가 내면 깊숙이 자리 잡고 있기 때문이다. 이런 경우에 내면의 상처를 고치지 않고 결혼을 하게 되면 결혼생활에 큰 장애가 될 수도 있다.

모든 것은 내가 선택한 것이고, 때로는 그에 대한 값비싼 대가를 지불해야 한다. 모든 병과 고통은 나름대로 다 이유가 있다. 그것들은 늘 지나간 어떤 것, 다가올 어떤 것에 대한 보상이기도 하다. 그렇다고 해서 병과 고통에 대해 아무런 치료 행위도 필요 없다는 뜻이 아니다. 다만 왜 그 일이 일어났는가를 깊이 이해하는 일이 중요하다는 것이다. 그래서 정신분석을 하고 심리치료를 하는 것이다.

심리치료 및 정신분석, 불교심리치료에서는 모든 것이 어떤 것의 결과이며 또 다른 것의 원인임을 안다. 그것은 하나의 고리로 연결되어 사슬처럼 이어진다. 때로 어떤 병과 고통은 그것이 최선의 방법이기 때문에 일어난다. 따라서 그냥 사라지게 하면 반드시 큰 대가를 치르게 된다. 육체적인 고통은 좋든 싫든 어떤 이유를 갖고 있다. 자신은 그것을 모를지라도 내면은 다 알고 있기 때문이다. 예를 들면,

어떤 질병에 감염된다는 것은 마음이 순수하지 못했음을 의미할 수 있다. 육체에 일어나는 것은 그것으로 전부가 아니다. 따라서 심리치료, 정신분석에서 치료자는 육체 이상의 것, 즉 질병만 관찰할 것이 아니라 사람의 내면을 관찰하여 치료하여야 한다.

피를 나누며 오랫동안 함께 살았던 부모, 형제와도 갈등을 일으키는데 어떻게 전혀 낯선 사람과 만나서 사는 데 부부 갈등이 없겠는가? 일상생활 속의 끊임없는 문제들, 갑작스러운 위기 상황 등으로 서로의 허상과 기대가 깨지는 과정에서 다소 시간이 걸리는 것이다. 퍼즐을 맞추는 데에도 시간이 걸리듯, 수만 가지 욕구를 가진 두 사람이 만나서 서로 맞추는 데는 얼마나 오랜 시간이 걸리겠는가? 따라서 부부가 살면서 초기에 갈등을 일으키는 것은 지극히 정상이다.

그러나 아이의 입장에서 보면 부모의 갈등은 정말 큰 충격으로 다가온다. 그래서 부부의 마찰과 갈등에 대해 아이에게 반드시 설명해 줄 필요가 있다. 서로의 주장만이 아니라 객관적인 관점에서 판단할 수 있도록 말이다. 그리고 부부가 아이 앞에서 서로 비난하는 것은 금기 사항이다. 그러면 아이도 성장하여 결혼을 하게 될 때 부부가 갈등이 있는 게 정상이라고 알게 된다. 유대인 어머니는 결혼을 앞둔 딸에게 다음과 같은 편지를 꼭 보낸다고 한다.

사례: 딸에게 보내는 편지

사랑하는 딸아.

네가 남편을 왕처럼 섬긴다면 너는 여왕이 될 것이다. 만약 남편을 돈이나 벌어 오는 하인처럼 여긴다면 너도 하녀가 될 뿐이다. 네가 지나친 자존심과 고집으로 남편을 무시하면 그는 폭력으로 너를 다스리려 할 것이다.

만일 남편의 친구나 가족이 방문하거든 밝은 표정으로 정성껏 대접해라. 그러면 남편이 너를 소중한 보석으로 여길 것이다.

항상 가정에 마음을 두고 남편을 공경해라. 그러면 그가 네 머리 위에 영광의 관(冠)을 씌워 줄 것이다. 가정을 집에 비유한다면 가장 기초가 되는 것은 두 사람의 세계관이다. 가정의

기둥은 부부다. 다음으로 대화와 이해라는 두 개의 창문이 있어야 세상을 바라볼 수가 있다. 또 보호라는 울타리와 봉사라는 대문을 잘 사용해야 한다.

행복은 멀리 있는 것도 아니고 행복하기 위해 많은 수고가 필요한 것도 아니다.

이기심과 무관심으로 가득 찬 부부는 가정의 행복을 송두리째 빼앗아 간다. 행복한 부부는 서로 격려하지만, 불행한 부부는 서로를 공격하고 무시한다. '아하!' 하는 통찰은 머리로만 이해하는 것이 아니라 가슴으로, 온몸으로 깨닫는 것이 중요하다. 그런 통찰이야말로 사람을 변화시킬 수 있기 때문이다. 온몸으로 깨닫기 위해서 부부가 서로 진심으로 신뢰하고 수용하고 받아들여야 한다.

이제 부부 갈등이 있을 때 아이에게 죄책감을 갖기보다는 자신 있게 부부 갈등에 대처하고 해결해야 한다. 분명한 것은 부부 갈등 유형에서 신체적 표현은 절대 있어서는 안 된다는 것이다. 그것은 갈등이 아닌 폭행이다.

6. 서로의 등 뒤에서 얼마나 많은 눈물을 흘렸던가

사랑은

언제 올 것인지 예고도 없이 내 마음에 다가오며,

사람마다 표현 방법과 사랑하는 마음이 다 다르며,

어떤 단어를 가지고도 표현할 수 없는 것이다.

"사람은 사랑하면서도 도대체 왜 불안해하는가? 사람은 사랑하면서도 왜 등 뒤에서 우는가? 살면서 얼마나 큰 사랑을 받아 보았는가?" "과연 살면서 사랑하는 사람을 있는 힘껏 사랑하였는가?" 이와 같은 말은 격변하는 세상과 생활고에 시달리는 우리 삶에서 채워지지 않는 마음의 빈자리를 잘 드러내고 있다.

집안일 하느라 피곤했다는 이유로 친한 친구의 안부 전화에 발끈하지는 않았는가? 지친 몸으로 퇴근한 남편이 어깨를 주물러 주었는데도 감동하기는커녕 눈으로는 드라마를 파고들지는 않았는가? 혹여 그 드라마 속에 빠져 로맨스를 부러워하고 남편에게 푸대접을 하지는 않았는가? 만약 그랬다면 그것은 자신을 참으로 부끄럽게 만든 일이다. 혹여 허우적거리며 앞만 보고 달려가느라 자신의 가장 가까운 거리에 있는 이들, 즉 부모, 부부, 아이, 친구, 동료 등의 사랑을 무시한 것은 아닌가?

사랑은 모든 것을 바꾼다. 사는 방법과 죽는 방법, 영광과 수모, 받기만 하는 것과 주기만 하는 것, 믿음과 배신, 따뜻함과 상처 등등. 어떤 식의 사랑이든 간에 사랑은 모든 것을 바꾼다. 사랑은 사람을 죽일 수도 있고 살릴 수도 있다. 건강한 사랑은 사람을 살릴 수도 있지만, 병들고 찌든 사랑은 사람을 죽일 수도 있다. 그래서 모든 사랑이 다 건강한 사랑은 아니다. 부모는 자신의 사랑이 병든 사랑인지 혹은 건강한 사랑인지도 모르고 아이에게 준다. 무조건 많이 해 주면 좋다는 식의 사랑 방정식은 자신의 배우자나 아이를 병들게 만든다. 그래서 사랑은 '주는 사람이나 받는 사람을 모두 치료한다.'고 하는 것이다. 사랑은 결코 당신을 그 상태로 두지 않을 것이다.

그리고 순수하고 솔직하며 이타적인 사랑보다 더 깊고 진실한 사랑은 없다.

엄마가 아이를 사랑하는 것은 분명히 자신과 다른 남을 사랑하는 것이다. 엄마로부터 탯줄이 끊어지는 그 순간부터 아이는 완전한 타인이다. 이렇게 완전히 분리된 타인을 사랑하는 것이 바로 이타적인 사랑이다.[3] 그래서 가장 이타적인 사랑의 시작은 부모가 자신의 아이를 처음으로 안을 때 생긴다. 이때 우리의 마음은 완전히 열리게 된다. 자기 아기를 처음 본 그 순간, 부모는 아이를 사랑하고 이 세상의 어떤 위험으로부터 반드시 지켜 줄 것이라고 다짐하게 된다.

사랑!

듣기만 해도 설레고 모든 것이 녹아내리는 단어다. 내 아이 역시 부모가 사랑한다는 것을 느끼고 듣는다면 심리적으로 안정적이 될 것이다. 그러나 그 사랑에는 긍정적 사랑과 부정적 사랑이 있다. 긍정적 사랑이란 사랑에 아무런 조건이 없고 이기적이지 않은 사랑이다. 즉, 부모가 자식의 인격체를 존중하며 모든 권리를 아이 자신에게 넘겨주고, 선택권을 주어 책임의식을 함양시키며 스스로의 선택이었기에 잘못도 인정하고 자기 성장도 꾀할 수 있도록 하는 사랑이다.

반면에 부정적 사랑이란 부모가 무조건적으로 해 주고, "아이고,

---

3 리즈(Leeds, 1963)는 이타주의적 행위를 정의하는 세 가지 기준을 두었다. ① 자신의 이득을 바라는 행위가 아니라 행위 자체가 목적이어야 하고, ② 행위가 자의적으로 이루어져야 하고, 그리고 ③ 행위가 어떤 선을 만들어 내야 한다. 그리고 슈와츠(Schwartz, 1977)는 이타적인 행동 이행 여부를 결정하는 네 단계에 대해 설명했다. ① 요구에 대한 개인의 가능한 책임감을 감지하고, ② 규범이나 가치관과 일치하는 도덕적 의무감을 촉발시키고, ③ 대가나 가능성, 결과를 방어적인 방향에서 평가한 다음, 그리고 ④ 행동 이행 여부를 결정한다.

내 새끼." 하며 모든 걸 돈으로 해결하려는 사랑, 그리고 어떤 선택을 할 수 있는 권리를 주지 않았음에도 불구하고 잘못되면 아이에게 그 원인을 듣지도 않고 결과만 가지고 꾸짖는 사랑이다.

아이가 자라면서 부모의 사랑을 충분하게 받고 자랐느냐 그렇지 못했느냐는 아이의 행복을 좌우한다. 어렸을 때 부모로부터 사랑을 받지 못하고 자란 아이는 마음의 상처를 지니고 있어서 쉽게 타인과의 관계 형성이 어렵거나 과도하게 다가가려고 한다. 엄마의 가슴에 안겨 엄마의 심장 뛰는 소리를 들으며 엄마와 아이가 함께 눈을 마주쳐 가면서 모유를 먹고 자란 아이는 젖병을 빨아 먹고 자란 아이보다 마음의 상처도 훨씬 적고, 화를 쉽게 내지도 않는다. 왜냐하면 이런 아이는 엄마의 사랑을 많이 받아 불안하지 않기 때문이다. 화의 원인에는 아기 때의 먹는 것에 대한 불충족, 욕구에 대한 불만족, 과다한 경쟁, 부딪힘, 잦은 스트레스 등이 있다.

그러나 무엇보다도 아기의 '먹는 것'에서 그 원인을 찾을 수 있다. 아기의 욕구가 충족되지 않으면 성미가 난폭해지거나 소심해진다. 배가 고프거나 불편해서 울거나 도움을 청하며 울 때 엄마(돌보는 이)로부터 아무런 반응을 얻지 못하면 아이들은 견디지 못할 정도의 고통을 겪게 된다. 이런 절망적인 좌절은 분노를 부른다. 너무 자주 좌절하게 되면 아이는 점점 더 공격성과 두려움과 적개심을 가지게 된다.

어려서 사랑을 받지 못한 아이는 자라서 그 사랑을 베풀 줄도 모른다. 또 평생 엄마에게 사랑받지 못했다는 상처를 안고 살아간다. 엄마는 사랑을 준다고 생각할지 모르지만, 사실은 무조건 공격적인 언급을 하니까 아이의 귀문이 차단하는 것이다. 사람은 누구나 화가 나면 귀문이 닫혀서 잘 안 들리기 마련이다. 그게 인간의 기본 원리다. 그래서 자신의 이기적인 한계를 벗어나지 못하고 늘 부족했던 사랑을 찾을 것이다. 그러다 보니 믿음과 불안, 두려움 등 정신적인 문제를 평생 안고 살아가게 된다. 자기 주관이 나와 버리면 다른 사람들의 말은 항상 차단되기 때문이다. 상대가 어떨 것인지 상대의 이야기를 들어 보지 않은 상태에서 내 생각을 말해 버리니까 상대가 아무리 옳은 말을 해도 귀에 들어오지 않는다. 그래서 '옳은 개소리'라고 하는 것이다. 따라서 충분한 사랑을 받지 못하고 자란 아이는 어른이 되어도 제대로 사랑할 줄 모르고 살아간다. 반면에 어려서 충분한 사랑을 받고 자란 아이는 사랑을 잘 나누고 베풀면서 주변 사람들과 잘 어울리며 행복하게 살아간다.

하지만 때로는 엄마가 아이를 보호하고 싶다는 자연스러운 욕망이 근심을 키우기도 한다. 부모의 욕심으로 키운 자식은 사랑할 줄 모른다. 그래서 제대로 사랑 한 번 못하고 사랑에 목말라 하면서 고통스럽게 산다. 부모가 '사랑할 줄 모르는 아이'로 키우면 그 아이는 결국 부모를 버리게 된다. 부모에게서 사랑을 받지 못했는데, 어떻게 사랑으로 부모를 모시고 공경할 수 있을까?

극성스러운 일부 엄마들은 내 아이에게 일어날 수 있는 온갖 사고와 위험에 촉각을 곤두세우기도 하고, 늘 아이들을 눈으로 따라다니며 걱정에 휩싸인다. 시간이 흐를수록 엄마와 아이 모두 그 상황에 적응하게 된다. 그래서 아이는 엄마의 보호 없이는 세상을 살아가지 못하게 된다. 이른바 마마보이가 양성된다. 물론 부모는 아이를 사랑하기 때문에 간섭하고 걱정한다. 문제는 아이의 입장이 아닌 부모의 입장에서의 간섭과 걱정이 많아진다. 부모 자신이 이루지 못한 욕구 때문에 아이의 학원이나 과외에 대한 욕심이 더 많다. 아이의 감정과 정서를 헤아리기보다 학교 성적에 더 큰 관심을 쏟기 마련이다. 이런 간섭과 걱정만 쏟는 것은 정녕 아이를 사랑하는 것이 아니다. 아이가 자라서 넉넉한 사랑을 베풀 수 있는 능력을 키워 주는 것이 부모의 사랑이 아닌가? 사랑은 언제나 우리 내면 깊은 곳에 남아 있다. 극성스러운 부모 때문에 어쩌면 아이들은 그 사랑을 제대로 한 번 꺼내어 보지도 못하는 것은 아닐까?

사랑이란 언제까지나 처음처럼 순수하게 남아 있어야 한다. 하지만 '아이를 위해, 사랑하는 사람을 위해'라는 명분으로 그 사람의 본

Tip
아이에 대한 지나친 강요와 투사

어떤 엄마는 아이에 대한 끈을 놓치지 않으려고 무척 애쓴다. 그것은 일종의 과잉보호 때문이다. 또 엄마 스스로의 문제에 대한 투사일 수도 있다. 엄마 자신이 어릴 적 부모로부터 풀지 못했던 심리적 문제를 자기 아이에게 투사해 아이로부터 위안을 얻고자 하는 경우도 많다.

어떤 부모는 아이에게 많은 시간과 에너지를 투자하고 아이를 위해 교육시키고 양육하고 있다. 그러나 아이에게 좋은 성적을 올리도록 지속적으로 강요하기도 한다. 또 착한 아이의 역할을 강조하며 아이를 통제하기도 한다.

래의 기질을 바꾸려 한다면 그것은 사랑이 아닌 지나친 간섭이요 걱정이다. 보통은 부모의 이루지 못한 성취 욕구 때문에 아이들을 바꾸려고 한다.

어떤 사람은 사랑하는 연인의 모든 것을 바꾸고 싶어 한다. 그래야만 처음에 느꼈던 그 좋아하는 감정과 안정감을 되찾을 수 있다고 생각한다. 그래서 늘 "날 사랑해? 얼마만큼 사랑해?"라고 확인한다. 이 또한 연인에 대한 불안 때문이다. 도대체 사랑을 어떻게 수치로 나타낼 수 있단 말인가. 마찬가지로 엄마가 아이와 마음속에서 분리되기 힘든 경우도 종종 있다. 그것은 엄마의 불안이 아이에게 전달되기 때문이다.

이럴 경우에 아이는 엄마에 대한 두 가지 감정이 생긴다. 하나는 엄마를 좋아하고 따르고 만족시키려는 마음이고, 다른 하나는 엄마에 대한 반항심과 분노하는 마음이다. 이것이 양가감정이다.

마음을 완전히 열면 사랑은 찾아오는 법이다. '불안과 욕망, 희망이나 분노와 같은 모든 감정을 초월하는 고귀한 것'이 바로 사랑이다. 다시 말해, 사랑이란 그 어떤 것으로부터도 덕을 볼 생각을 가져서는 안 된다. 그래서 아무것도 강요하지 않고 필요로 하지도 않는다. 때로는 사랑이란 내가 '사는 방법'과 '죽는 방법'까지 변화시킨다. 그래서 내 내면의 모든 바람과 욕망을 놓게 될 때 사랑이 내 곁에 다가올 것이다. 내가 필요한 것도 원하는 것도 없을 때, 그때 진정한 사랑이 찾아올 것이다. 내가 사랑하는 모든 것이 영원하지는 않겠지만, 이 순간만큼은 함께 있다는 사실을 기쁘게 받아들일 때 사랑은 조용히 찾아온다. 어느 날 연구실로 다음 사례의 내담자가 찾아왔다.

사례: 아이들의 아픈 기억

딸(10세) 때문에 가슴이 너무 아파요. 딸은 욕심이라고는 손톱만치도 없고, 단 한 번도 화를 내는 일이 없어요. 친구들을 너무 좋아해서 물건을 남에게 그냥 주기도 해요. 길을 가다가 불쌍한 사람을 만나면 가진 것을 그냥 주어 버려요. 또 걷다가 누군가와 툭 부딪히면 먼저 미안하다고 해요. 걸어가는 데 앞에 있어서 미안하다고…….(어이가 없어 하는 표정)

다른 사람들은 천사 같은 내 딸을 왜 걱정하느냐고 야단이에요. 하지만 그런 모습의 딸을 보니 부모로서 너무 속상하고 마음이 아파요.

그런데 문제는 제가 어릴 때 너무나 이기적이고 무서운 엄마 밑에서 자랐다는 거예요. 그래서 엄마가 화내지 않도록 늘 엄마의 말을 들어 주기만 했죠. 요즘도 가끔 말대꾸 한 번 제대로 못했던 아픈 기억이 떠올라 혹시 딸이 나처럼 될까 봐 두려워요.

딸이 도대체 뭐가 문제인지 걱정돼요. 딸아이의 내면을 제대로 보지 못하는 내 문제인가 싶기도 하고…….

내담자가 딸을 걱정하는 마음은 당연하다. 그것은 엄마로서 그만큼 딸에 대한 관심이 많기 때문일 것이다. 어쩌면 주위 사람들과 엄마의 인식 기준은 다르기 때문일 수도 있다. 아이는 세상에 태어날 때 자신의 의지대로 태어나지 않는다. 그렇지만 아이들은 저마다 독특한 기질을 타고난다. 타고난 기질은 아이의 성격 발달과 정서발달의 기초가 된다. 어떤 대상에 대한 적응과 반응 등에 따라 긍정적인 아이, 까다로운 아이, 느린 아이, 그리고 그 성향이 혼합된 아이로 나뉜다.

이 사례에서 내담자가 걱정하는 것은 딸의 성격 문제인데, 성격이란 타고난 기질을 바탕으로 성장과정의 다양한 경험에 따라 형성된다. 그래서 아이들은 어떠한 경험을 하는가에 따라 성격이 조금씩 변화되기 마련이다.

그러므로 내담자가 겪은 친정 엄마와의 관계에서 인식할 것이냐 하지 않을 것이냐 하는 인식의 차이다. 다만 무엇이 문제인가에 대한 의식을 갖고 딸의 현재 '있는 그대로'를 사랑하는 것이 더 중요하다.

그러기 위해 딸과 함께 화와 같은 부정적인 감정을 느끼고 표현하는 방법을 찾는 것도 좋을 듯하다. 딸이 사람을 좋아하고 자기 물건을 주는 것은 결코 나쁜 것이 아니다. 그러나 그것이 지나친 것은 딸의 마음이 많이 외롭다는 표현이다. 다시 말해, 누군가가 자신에게 관심을 가져 주길 바라는 것이다. 이런 경우에는 그 욕구가 어느 정도 채워질 수 있도록 내담자가 딸을 좀 더 챙겨 주어야 한다. 그러면서 내담자는 딸을 적당히 조이기도 하고 때로는 느슨하게 풀어줄 줄도 알아야 한다. 그래야 아이를 확실히 독립시키고 분리시킬 수 있을 것이다. 이런 것을 잘해야 좋은 엄마가 된다. 좋은 엄마는 아이들을 위해서는 유능한 치료자가 된다.

특히 이 내담자는 걱정이 앞서서 딸의 변화를 강요해서는 안 된다. 내담자-친정엄마와의 관계가 분리되면 딸도 자연스럽게 변화될 수 있다. 반면에 내담자-친정엄마와의 관계가 분리되지 못하면 딸도 변화되기가 쉽지 않을 것이다. 내담자의 딸이 내담자의 심성을 이미 타고났기 때문이다. 내담자가 친정엄마에게 말대꾸 한 번 없이 매번 듣고 있었듯이 딸도 그렇게 하는 것이다. 그렇다. 처음부터 자신의 내면에 있는 무엇인가에 의해 손상될지 모른다는 두려움 속에서 출발한 내담자의 어린 시절 때문이다.

엄마의 심한 좌절과 갈등은 아이에게 오히려 혼란만 줄 수 있으므로 엄마가 아이를 존중하고 '있는 그대로' 사랑하여야 한다. 또한 내담자는 자신과 친정엄마와의 관계에서 이기적이고 무서운 것에 대한 것과 그 밖에 억압하거나 억제해 둔 많은 것을 서로 이야기하고 소거시켜야 한다. 무의식 중에 형성된 어떤 연결고리를 해소시키는 과정에서 자연스럽게 딸의 변화가 이루어질 것이다.

어쩌면 내담자의 딸은 부드럽고 포근하게 안길 수 있는 엄마의 품이 그리운 것이다. 마치 주님이나 부처님이 내담자를 보는 그런 관점으로 자신을 받아들이고 아이에게도 그렇게 인정과 격려와 소망의 말을 한다면, 이 딸은 정서적인 그릇이 채워지고 반드시 자신을 사랑하는 건강한 아이로 성장해 갈 것이다. 좋은 성향이 많은 아이를 너무 문제 중심으로 인식하지 않았으면 좋겠다. 흔들리는 베드로에게 '반석'이라고 말씀하신 주님의 관점으로 아이를 보고 대할 수 있는 건강한 엄마가 되기를 바란다.

7. 부부간에 제일 힘든 것은 무엇인가

완전히 희거나 검은 것은 없다.

흰색은 그 안에 검은색을 가지고 있고,

검은색은 흰색을 가지고 있다.

산업화, 정보화 사회가 가속화되면서 우리의 삶도 예전과는 달리 그저 편한 것부터 찾는다. 쉽게 말해, 돈이 없어서 돈 있는 상대를 찾고, 외로워서 위로해 줄 사람을 찾는다. 이것은 상대의 덕을 보고자 하는 자신의 이기심 때문에 드러나는 것이다. 결혼을 했으면 부부가 결혼생활이 행복하도록 노력해야 하듯, 어떤 관계 속에서 살든 우리 모두는 서로 최선의 노력을 해야 한다.

삶이란 내일로 향해 나아가는 긴 여정이다. 어느 누구도 서로의 삶을 다 알 수는 없다. 자신의 삶도 제대로 알 수가 없으니 말이다. 그러나 우리는 서로의 삶을 조금씩 이해할 수는 있다. 자신의 삶을 제대로 이해하기 시작하면 상대를 진심으로 이해할 수가 있다. 자신의 삶을 이해한다는 것은 누군가의 아픔을 진심으로 아파할 수도 있다는 것이다. 사랑도 마찬가지다.

사랑이란 결코 서로를 다 아는 것이 아니다. 또 서로가 다 알아야

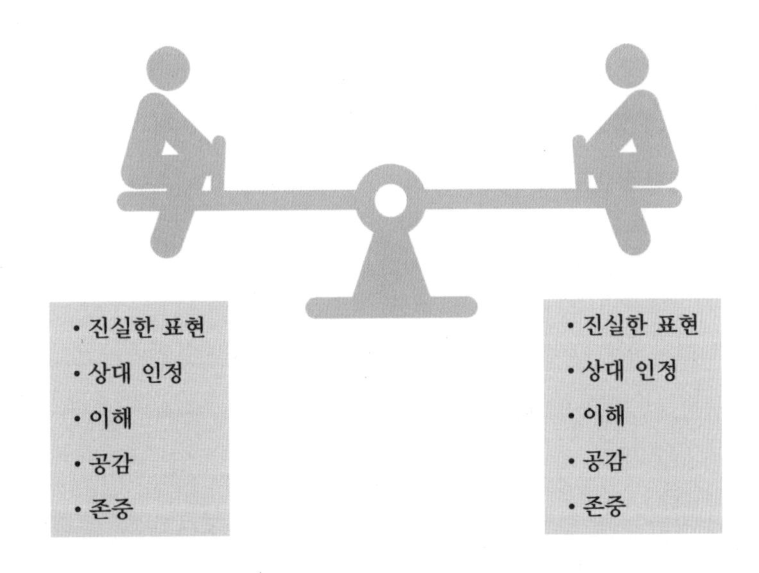

할 필요도 없다. 사랑이란 유머감각이나 경제적 능력, 수려한 외모, 학력이 조건이 되어서는 안 된다. 사랑이란 서로가 함께하면서 가치관을 공유하고, 서로를 이해하고, 서로가 다름을 인정하고, 공감하며, 조율해 가는 시소와 같은 것이다.

부부가 살아가면서 제일 힘든 것은 무엇일까? 많은 사람은 배우자가 무심코 내뱉는 말 때문에 상처받는 것이라고 한다. 그것은 자신이 내뱉는 말을 자신이 제대로 들을 수 없기 때문에 치명적인 실수를 하게 되는 것이다. 자신이 한 말을 자신이 한번 듣는다면 함부로 말하지는 못할 것이다. 험담을 하고 욕을 하더라도 자신이 내뱉은 그것을 들었을 때의 기분을 안다면 그런 말을 함부로 내뱉지는 않을 것이다.

자신이 내뱉은 말을 자신이 먼저 속으로 들어 보라. 배우자에게 "너, 왜 그래?" 하기 전에 속으로 그 말을 먼저 들어 보라. 만약 배우자가 자신에게 "너, 왜 그래?"라고 했을 때 그 기분이 어떨까? 상대로부터 지적을 받았으니까 기분이 상할 것이다. 그러면 당신은 그럴 수밖에 없는 이유를 설명하고 싶어질 것이다. 그럴 때의 감정을 한번 생각해 보아야 한다. 그러면 자신이 말을 내뱉으면 상대도 역시 똑같은 기분이 들 것이라는 것을 알 수 있다. 이때 상대가 변명하면 기분이 어떨까?

역지사지로 생각한다면, 배우자 역시 마찬가지일 것이다. 그래서 자신이 한 말을 항상 자신이 먼저 들어야 한다. 문제는 자신이 한 말을 자신이 못 듣는다는 것이다. 단지 듣는다고 느낄 뿐이다. 그러니까 자신이 한 말을 자신이 기억하지 못하는 것이다. 예를 들면, 자신의 목소리와 녹음한 목소리가 같은가를 한번 보라. 아마 자신은 다르다는 느낌을 받을 것이다. 이것이 바로 자신의 말은 '생각하고 뱉은 것'이지 '들으며 나타내는 것'이 아님을 말하는 것이다. 생각 없이 나간 말이기 때문에 자신이 한 말을 제대로 듣지 못했기 때문이다. 자신이 제대로 듣지 못하기 때문에 상처를 더 많이 받는다.

어떤 부부는 상대의 이야기를 끝까지 듣지 않고 자기의 이야기로 대화에 찬물을 끼얹는다. 이런 부부는 영락없이 싸움과 갈등으로 이어진다. 그리고 "당신하고는 말 안 해. 도무지 말이 안 통해." 하고 말문을 닫아 버린다.

'와각지쟁(臥角之爭)'이란 당장 사생결단을 내야 할 것 같은 싸움도 한 걸음 물러서서 보면 달팽이 머리 위에서의 뿔싸움 같다는 것이다. 어쩌면 부부 갈등의 대부분은 그런 뿔싸움 같은 것일지도 모른다. 마음을 크게 열고 보면 웃어넘길 수도 있는 사소한 일들에 뿔을 내느라 자신의 하루가 다 저물고 있는 것은 아닌지 되돌아보아야 할 것이다.

대화에 찬물을 퍼붓는 못난 사람이 되기 전에 자신을 한번 돌아보자. 당신은 자신의 생각이 검은 것과 흰 것을 분간하고, 달고 쓴 것을 구별하며, 하나와 둘을 헤아리는 것처럼 마음속에 분명하여 이렇게 볼 수도 있고 저렇게 볼 수도 있는 의심스러운 단서가 털끝만큼도 없다면 굳이 상처 주는 말을 하지 않을 것이다.

부부싸움 중 무슨 일이 있어도 서로에게 상처 주는 말을 하지 말라. 결혼을 해서 살다 보면 누구나 부부싸움을 하기 마련이다. 사람은 감정을 가진 동물이기에 살아가면서 가끔씩 싸우기도 한다. 이것이 정상이다. 더구나 부부는 서로의 태생이 다르고 또 서로 다른 환경에서 자랐으니까 서로의 의견이 다를 수도 있다. 그러니 서로 싸울 수도 있다. 싸우면서 살아가는 게 우리 인간의 본모습일지도 모른다. 그러다 보면 또 새로운 정이 새록새록 쌓이기도 하고, 서로를 조금씩 이해하기도 하고, 그래서 서로 조율도 가능하다.

그러나 싸우더라도 악한 감정을 그냥 가슴에 안고 산다면 참으로 답답한 삶이 될 수밖에 없다. 그것은 언제 터질지 모르는 시한폭탄을 안고 사는 것과 같기 때문이다. 그래서 부부가 싸우더라도 격한 감정이 쌓여서는 안 되며, 서로 상처를 주는 치명적인 말을 해서도 안 된다. 왜냐하면 서로에게 부끄럽지 않게 살아야 하기 때문이다. 상처를 주는 말은 묘하게도 상대의 가슴속에 차곡차곡 쌓인다. 그래서 아무리 기분이 상하더라도 부부싸움을 할 때에는 골수에 사무치는 말은 하지 말라. '여자는 미우나 고우나 궁궐에만 들어가면 질투한다.'는 말이 있다. 마찬가지로 부부의 인연을 맺으면 싸워 가면서 살아가기 마련이다. 설사 이혼을 하더라도 배우자의 가슴에 깊은 상처를 주는 뼈아픈 말은 하지 말라. 그것은 자신을 위해서도, 배우자를 위해서도, 아이들을 위해서도 아무런 도움이 되지 않는 일이며, 돌이킬 수 없는 죄악이고 언어 폭력이며 살인 행위다.

많은 사람이 싸우면서 막말을 한다. 다시는 보지 않을 것처럼 함부로 막말을 쏟아 낸다. 꼭 그런 상처 주는 말을 해야 하는가? "죽을 때까지 널 저주할 거야." "너 같은 인간 쓰레기! 정말 재수 없어." "너 같은 인간 쓰레기를 만난 것은 내 인생의 최대 실수였어." "너 같은 더러운 인간 때문에 내 인생을 다 망쳤어." "치졸하고 더러운 인간아." 등등. 이렇게 독이 되는 말은 부부가 서로의 조화를 깨뜨리는 것이다.

반면, 약이 되는 말은 부부가 서로의 조화를 회복시켜 준다. 물론 화가 나는 말이라도 그것을 받아들이는 사람이 어떻게 수용하느냐에 따라 그 말이 오용되거나 남용되어 더 큰 병이 되기도 하고 없던 병까지 생기기도 하기 마련이다. 예를 들면, 진정 지혜로운 사람이라면 '우문현답(愚問賢答)'을 할 수 있는 현명함을 가져야 한다. 결과적으로 말을 잘못 이해하거나 그 목적을 망각하게 되면 자신은 물론 상대방을 더욱 불편하게 만들거나, 분노를 일으키거나, 뼈아픈 상처로 몰아가게 된다.

부부는 자기 비위에 맞으면 취하고 싫으면 버리는(甘呑苦吐) 소모품이 아니다. 그러니 함부로 말을 해서는 안 된다. 말 한마디에 천 냥 빚을 갚을 수도 있지만 철천지 원수가 될 수도 있기 때문이다. 어쩌면 그 치명적인 말 한마디가 자신의 인생 최대의 실수가 될 수도 있고, 심할 경우 분노의 칼날이 자신을 향해 다가올 수도 있다. '참외는 달지만 꼭지는 쓰다(甘瓜苦蔕).'는 말이 있다. 그것은 즐거움이 다하면 괴로운 근심에 이른다는 말이다. 함부로 내뱉은 말이 쓰디쓴 독이 되어 되돌아오기 때문이다. 다시 말하지만, 비록 화가 나서 싸우더라도 상처를 주는 말만은 절대로 하지 말라. 설사 부부가 극단적으로 이혼이라는 이별을 선택할지라도 배우자에게 상처를 주는 말은 하지 말라.

그 상처는 미움과 분노, 나아가 증오와 공격으로 배우자를 향해 쏜 화살이었지만 결국 부메랑처럼 언젠가는 자신에게 되돌아오게 되는 것이 세상 이치이고 순리다. 그래서 인과응보라고 하는 것이다.

우리는 자신의 마음도 이기지 못하면서 남의 마음을 이기려 한다. 무엇보다도 자신의 마음을 이겨야 다른 사람의 마음을 이기게 될 것이다. 살아가는 동안 성장해서 부부의 연을 맺고 아이를 낳아 기르지만 배우자나 아이가 자신의 의도와 생각대로 따라오지 않으면 그저 화를 내는 그런 일상이 자신의 삶의 모습은 아닐지 생각해 보라.

부부란 서로의 등을 대고 서로의 등 뒷모습을 보면서 서로 이야기를 해 주며 조율하고 다듬어서 더 밝고 더 멋진 인생을 살아가는 방향을 제시해 주는 것이 아닌가 하고 생각해 본다.

부부간에 서로 억압하기보다는 상대의 이야기를 먼저 들어 주고 이해한다면 우리의 삶은 보다 행복해질 것이다.

8. 왜 내가 원하지 않아도 받아야 하나요

원하지 않은 탄생에 울고

원하지 않은 선택에 후회만 남는다.

곧 선택이 없이 온 탄생이지만

삶은 내 선택과 내 책임이어야 한다.

그래서 인생이란

올 때는 내가 울고

갈 때는 남은 이들이 우는 것이 아니겠는가?

사람들은 서로 사랑해서 결혼을 한다. 연애할 때에는 미처 알지 못한 베일이 결혼을 하면 마치 양파 껍질처럼 하나씩 벗겨지니까 때로는 배우자에게 실망을 하게 된다. 그런데 사실 결혼이란 양파 껍질을 벗기는 것이 아니다. 껍질을 벗기고 또 벗기다 보면 더 이상의 궁금증이 사라져 다른 양파 껍질을 벗기고 싶을 것이기 때문이다. 그래서 어찌보면 양파 껍질을 벗기지 말고 더 많은 겹으로 쌓아야 하는데, 배우자에게 크게 실망한 사람은 극단적으로 이혼을 선택하기도 한다. 또 때로는 어쩔 수 없이 혼인관계를 유지하면서 배우자 대신에 아이에게 집착하기도 한다. 결국 배우자에 대한 실망으로 아이를 가까이 하게 되면 아이에 대한 기대가 커지기 마련이다.

흔히들 남편에게 실망한 아내가 아이들에게 모든 에너지를 쏟으면서, "이젠 너만 믿고 산다. 네가 없었다면 벌써 이혼했을 거다. 그러니 너는 나를 실망시키지 마라."라고 말한다. 이 말은 이혼을 하려니 두렵고 그나마 결혼을 결정할 때의 감정이 남아 있기 때문에 아이를 핑계 삼아 내면의 자기를 숨기고 아이를 구속하는 것이다. 그러나 이는 아이들에게 얼마나 큰 영향을 미칠지 모르고 하는 말이다. 배우자에게 실망한 사람이 아이를 싸고 돌면 감정적으로 남편과 아내, 아이 사이에 감정적 삼각관계가 형성되어 버린다.

가족 간에 이런 삼각관계가 형성되면 남편과 아이, 또는 아내와 아이의 두 사람이 가까워질 경우 남겨진 한쪽은 불안하고 소외감을 느끼게 된다. 그러면 소외감을 느낀 쪽은 아이를 자기편으로 끌어들여서 균형을 유지하려고 시도한다. 이것이 관계역학이다. 그래서 연인들 사이에서 삼각관계에 있는 사람들을 보면 두 사람이 친밀한 관계를 가지는 것이 참을 수 없어 분노를 느끼고, 연인을 좀 더 가깝게 끌어들이기 위해서 온갖 방법과 수단을 동원하는 것이다. 마찬가지로, 가족관계에서도 부부관계가 원만하지 못하면 소외감을 느낀 배우자가 아이를 자기편으로 끌어들임으로써 서로 밀착하는 동맹관계를 형성하게 된다. 그래서 상대 배우자를 더욱 고립시키거나 무의식적으로 대립관계를 만들어 배우자의 힘을 약화시키려고 한다.

겉으로는 화목해 보이거나 배우자를 적극 돕는 것처럼 보이지만 내면적으로는 배우자가 하는 일을 시시콜콜 간섭하고 강요하는 사람들을 자주 보게 된다. 그러면서 자기 아이로 하여금 배우자에게 도전하게 만들거나 무력화하는 일을 저지르게 하기도 한다. 겉으로는 우울하고 슬프지만 속으로는 전쟁의 승리자가 되어 희열을 느끼는 사람도 있다.

〈관심의 중앙에는 자신이……〉

부부가 이런 감정적인 삼각관계의 최면에 걸린 경우, 그 아이는 부모 갈등의 희생양이 된다. 이런 아이는 가슴에 큰 상처를 안고 살아가게 된다. 그런데 이런 상처는 잘 지워지지도 않는다. '고래 싸움에 새우 등 터진다.'는 말이 있다. 결국 부모의 갈등 때문에 아이들은 자신의 내적 성장과 정체성 형성을 희생당하게 된다. 어떤 부부는 갈등이 점점 심해지면 아이마저 포기하고 떠나 버린다. 또 어떤 부부는 마지못해 가정을 지키면서 아이와 더욱 밀착되려고 애쓴다.

만약 아이와의 밀착관계를 선택하게 되면 배우자 대신 아이를 위해 온갖 정성을 쏟게 된다. 그것이 지나치면 아이를 과잉 보호하게 된다. 과잉 보호된 아이는 자연스럽게 의존적인 사람으로 자라게 된다. 결국 잘못된 부모의 과잉보호는 아이가 독립된 인격체로서 성장할 수 있는 기회를 송두리째 빼앗아 가 버린다. 아이가 어릴 때에는 아버지보다는 어머니의 영향이 더 크게 작용한다. 특히 부부관계에서 감정의 골을 쌓고 사는 어머니는 자신의 욕구대로 아이를 끌고 가려는 경향이 강하다. 아내의 입장에서는 남편에게 강요할 수도 없거니와 또는 상대하기가 버겁기 때문에 결국 힘의 논리에서 약한 아이를 자기 논리대로 따라오게 만드는 것이다. 결국 아이에게 자신의 삶이 무엇인지 가르쳐 주지 못하고 부모가 대신 챙겨 주고 살도록 하는 셈이다. 이때 아이는 아직 어려서 미성숙한 단계라 부모의 강요를 받으며 자랄 수밖에 없다.

이런 환경에서 자란 아이는 자신의 문제를 해결할 수 있는 능력이 부족하고 그것을 해결할 자신감도 없다. 배우자에 대한 기대를 아이가 대신해 주길 소원하면서 나름 열심히 챙겨 주지만, 아이의 입장에서는 어머니의 욕구가 우선시되어 그저 따라갈 수밖에 없다. 이렇게 과잉보호를 받은 아이는 자신의 욕구가 무시되기 때문에 매사에 의존적이며 무기력하기 때문에 스스로 자립하기가 어렵다. 그리고 성인이 되어 사회생활을 하는 경우, 리더가 되어 자신의 팀들을 이끌어 가기보다는 항상 다른 사람의 눈치를 보거나 그들의 도움을 받지 않으면 항상 불안해진다.

많은 사람은 부모의 말을 잘 듣는 아이가 착하고 좋은 아이라고 말한다. 이 말은 칭찬 같지만, 한편으로는 부모가 원하는 대로 아이가 따라오도록 강요하는 것이다. 이런 식으로 강요하다 보면 아이는 부모의 욕구에 맞추어 살기 때문에 자신의 삶을 살지 못한다. 그러니 아이의 생각과 아이가 원하는 것은 모두 무시당하고 없다. 그저 부모가 강요하는 것에만 관심을 가지게 되다 보니 아이는 자신의 삶의 의미를 잃어버리고 우울하고 무기력해진다.

그러다 보면 이러한 아이들은 자신의 자아가 없다. 그래서 아이는 자신의 삶을 잃어버리고 그저 부모의 비위만 맞추려고 하고 부모의 눈치만 보면서 살아가게 된다. 그리하여 아이는 자신이 하고 싶은 것을 모두 포기하고 부모가 좋아하는 것만 할 수밖에 없다. 그냥 부모가 강요하는 대로 끌려가는 삶을 사는 것이다. 그렇게 강박적이 되어 버리는 것이다.

이렇게 자란 아이가 성공하거나 경쟁에서 이기는 것은 아이 자신의 것이 아닌 오직 부모를 위한 것, 부모의 소유물이 되어 버리는 것이다. 그리고 부모의 칭찬과 인정을 받기 위해서 부모가 원하는 것만 강박적으로 하게 된다.

연구소에 오는 많은 청소년에게 "왜 공부를 하지?" 하고 질문하면 그들은 "엄마를 위해서요." 아니면 "부모님을 위해서요."라는 대답을 하는 경우가 많다. 결국 아이는 자신의 삶을 살고 있는 것이 아니라 부모의 기대와 강요대로 살고 있는 것이다. 강요된 삶을 사는 아이는 부모로부터 받는 것에만 익숙해진다. 그러니 아이 자신의 삶은 당연히 없다. 부모를 즐겁게 하기 위해서 살고 있는 것이다. 그렇다면 그것은 부모의 삶이 되풀이되고 있는 것이지 아이 자신의 삶은 아니다. 좋은 부모란 아이가 자신의 지식을 지혜롭게 쓸 수 있도록 일깨워 주어야 한다.

'얌전하다' '착하다'고 하는 말은 진취성이 없어 공부를 잘할 수 없게 된다.

–탈무드

내 삶의 주인은 내가 되어야 한다. 소중한 삶을 내가 아닌 다른 사람으로 살아갈 수는 없다. 만약 자신이 아닌 다른 사람을 위해서 살고 있다면 그것은 참된 삶이 아니다. 다른 사람의 삶을 산다는 것은 자신의 의지가 아니기 때문에 삶에 대해 아무런 의미도 부여할 수 없다. 그러니까 자신의 에너지를 쏟아부을 수가 없는 것이다. 그런 삶은 지루하고 의욕이 없으며 삶에 대한 의미를 잃어버린 반복된 일상이 되어 버린다. 사람들은 누구나 자신의 삶을 찾아야 한다.

과잉보호를 하는 부모들을 보면, 대체로 자신의 어린 시절에 자신의 부모로부터 원하는 욕구의 충족이 없었다. 그런 부모의 무의식 속에는 '내 자식은 나처럼 키우지 않을 것이다.'라는 생각이 앞서게 된다. 그래서 아이에게 과잉으로 욕구를 충족해 주는 것이다. 이것은 아이의 하고자 하는 의욕이나 원하는 욕구가 무시되고 부모가 이루지 못한 욕구를 아이에게 투사하는 것이다. 어린 시절에 이루지 못한 자신의 욕구를 아이에게 대물림하는 것이다. 그러나 부모는 자신이 대물림하고 있는지조차 모른다.

외관상으로는 부모의 사랑이 넘치는 것처럼 보인다. 그러나 내면으로는 아이의 욕구가 무시되고 억압되고 강요당한다. 어떻게 보면 어린 시절에 자신의 부모로부터 받지 못했던 사랑을 아이에게 아낌없이 주고 있는 것 같다. 그럼으로써 아이는 부모가 시키는 대로 할 수밖에 없는 '바보상자'가 되어 버린다.

사실은 부모가 자신의 한풀이를 아이에게 투사하고 있는 것이다. 결국 힘이 없는 어린아이는 부모가 강요하는 대로 따르는 생활 습

(習)을 차곡차곡 쌓아 간다. 이런 환경에서 자란 아이는 언제나 부모에게 의존해야 하며, 스스로 할 수 있는 일이 없으니까 무기력해진다. 그러니 이런 아이들이 오직 할 수 있는 일이라고는 TV 보는 것과 인터넷 또는 스마트폰에 의존하는 것뿐이다. 이런 바보상자만이 자신이 시키는 대로 따라 하며 절대로 반항하지 않기 때문이다.

이러한 부모의 사랑은 사랑이 아닌 병적 집착이다. 화초에 물을 너무 많이 주면 죽어 버린다. 물을 너무 주지 않아도 말라 죽는다. 야생의 세계에서도 마찬가지다. 하이에나는 자라면서 어미로부터 어떻게 야생을 살아가야 하는지를 배운다. 어떻게 사냥을 하고 어떻게 관계를 맺으며 질서를 형성하고 어떻게 위험에서 벗어나는가를 배운다. 그러나 우리 부모들은 그것을 잘 인식하지 못하고 있다. 어미를 잃은 짐승의 새끼를 동물보호소에서 키우다가 야생의 세계로 돌려보내면 제대로 살아남을 수 없다. 그래서 한동안 야생 적응 훈련을 시킨 후 야생으로 돌려보낸다.

우리의 인간관계에서도 마찬가지다. 가족 구성원들과의 관계에서 우리는 세상을 어떻게 살아가야 할지를 배워야 한다. 대인관계를 어떻게 맺고, 어떻게 문제 해결을 하고, 어떻게 소통을 하고, 어떻게 감정을 표현하고, 어떻게 친밀한 관계를 맺는가를 가장 먼저 부모로부터 배운다. 그러나 부모가 아이들을 과잉 보호하는 경우에는 부모가 모든 것을 다 해 주기 때문에 아이가 스스로 배울 수가 없다. 그래서 부모가 해 주는 대로 따라가는 것이다. 심지어 책가방도 엄마가 챙겨 주고, 전공도 대학도 모두 엄마가 대신 결정해 준다.

그러나 문제는 부모가 자기 삶을 대신 살아 줄 수는 없다는 것이다. 과잉보호 속에서 자란 아이가 성인이 되거나 부모가 죽고 나면 스스로 살아갈 능력이 없다. 아이는 자신의 자아를 모두 박탈당한 것이다.

결국 부모는 아이의 생명을 가지고 장난을 친 꼴이 된다. 사랑은 왜 아파야 하는가? 사랑은 사람을 죽일 수도 있고 또 살릴 수도 있기 때문이다. 건강한 사랑은 사람을 살릴 수도 있지만, 지나친 사랑은 아이를 무기력하게 만들거나 죽일 수도 있다. 모든 사랑이 다 건강한 사랑은 아니다. 많은 부모는 자신의 사랑이 병든 사랑인지 혹은 건강한 사랑인지조차 모른다. 다시 말해, 아이의 생각이 무시되고 부모의 생각이 강요된 사랑은 자신의 아이를 병들게 만든다. 지나친 사랑을 주는데도 불행해지는 것이다. 가슴이 달아난 삶을 산 아이들의 얼굴은 웃고는 있으나 그 가슴은 울고 있다.

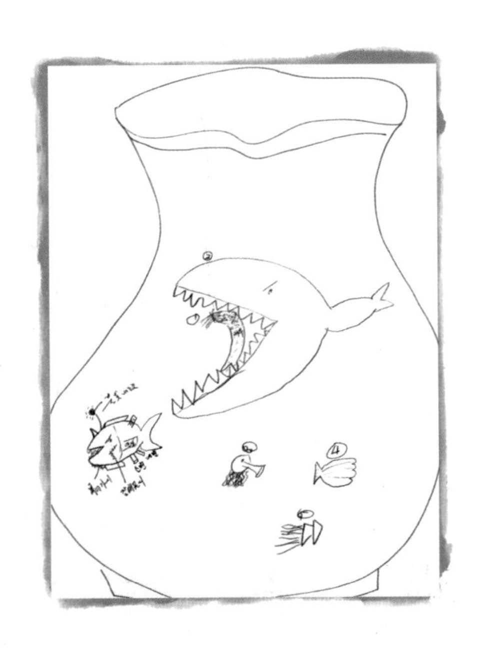

제6장

공감과 전이

내면에 갇힌 나를 바라볼 수 있다면
내 안에서 울고 있는 나를 찾아
달래 줄 수 있는 지혜가 생성될 것이다.

1. 공감이란 무엇인가

치료자가

공감하는 마음을 닦지 않으면

그것은 마치 뿌리 없는 나무와 같다.

그러므로 부지런히 몸과 마음을 닦아

한 마음에서 다른 마음을 이해하려는

저 영원한 공감의 세계로 나아가자!

정신분석을 창시해 심리치료를 가능하게 한 프로이트(Sigmund Freud) 이후 다양한 심리치료 학파와 기법이 나타났다. 융(Carl Gustav Jung)의 분석심리학, 아들러(Alfred Adler)의 심리치료, 펄스(Fritz Perls)의 게슈탈트 치료를 비롯하여 정신역동치료, 행동치료, 인지치료, 의미치료, 인본주의 치료, 그리고 동양의 불교명상 심리치료, 도치료, 마음챙김 치료에 이르기까지 다양한 심리치료의 형태가 있으며, 앞으로도 많은 심리치료 방법이 개발될 것이다.

이렇게 많은 심리치료 기법은 각각 다양한 방법을 사용하고 있다. 그러나 모든 심리치료에는 공통점이 하나 있다. 어떤 기법을 사용하든지 또는 어떤 심리치료사든지 내담자와 공감하려고 노력한다는 점이다.

이처럼 다양한 심리치료 기법은 마치 한 사람이 있으면 한 세계가 있듯, 한 사람의 세계 속에 담긴 내용이 서로 다르게 느껴지기 마련이다. 비록 공작의 몸은 하나이지만 그 깃털의 색깔은 매우 다양하듯, 사람의 몸은 하나이지만 마음을 어지럽히는 마음 색깔은 헤아릴 수 없을 만큼 많은 것이다. 우리의 마음은 마치 출렁이는 바다와 같아 한시도 가만히 있지 않고 온갖 모양을 나타낸다. 그래서 자신의 마음을 잘 다스려야 한다. 공감(empathy)은 마음 이해(understanding of mind)의 과정[1]으로 보는 것이다. 마음 이해는 치료적 목적에서는

---

1 이런 점에서 공감은 불교의 자비와 공통점이 있다. 자비는 온 인간이 온 인간을 대상으로 언제 어디서나 베풀 수 있는 인간의 인간에 대한 보편적인 태도 및 행위다. 반면에 공감은 치료적 목적에서 특수한 인물(치료자, 상담자)이 특수한 상황(치료적 상황)에서 특수한 대상(환자, 내담자)에 대해서 이루어진다. 그러나 최근 자기 계발(개인의 자기 가치, 자기존중, 자신감, 직장에서의 인화단결, 생산성 향상 등) 등의 인간관계에서 서로 분리된 존재로서의 일심동체를 향한 공감이 크게 부각되고 있다. 따라서 치료적 상황에 국한되지 않는 한 마음이 다른 마음을 이해하려는 종합적 견해로 본다.

치료자가 내담자를 이해하는 공감이고, 인간관계에 서는 한 마음이 다른 마음을 이해하려는 것이다.

정신분석 및 심리치료에서 가장 소중한 것은 바로 공감이다. 그것은 당연히 치료자는 내담자에게 하는 공감을 말한다. 그래서 공감 능력을 갖추는 것은 치료자가 치료 능력을 갖추는 것과 같다. 치료자가 내담자의 변화에 영향을 주는 심리치료의 필요충분조건으로 내담자에 대한 '비밀보장' '공감적 이해' '무조건적인 긍정적 존중' 그리고 '진실성'의 네 가지를 갖추어야 한다. 그중에서도 공감은 성공적인 치료를 위한 필수(핵심) 요소다.

공감은 자신을 멈추고 내담자의 마음속으로 들어가서 내담자의 마음속에서 일어나는 일을 함께 봐 주는 것이다. 즉, 내담자가 느끼

〈내담자를 위한 치료자의 태도〉

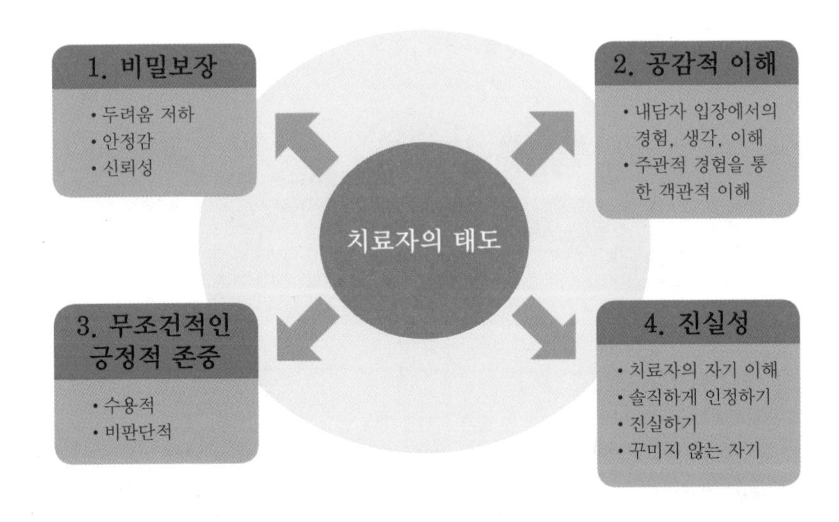

는 그대로 느껴 보려는 것이다. 이것은 마치 다른 사람의 신을 신고 먼 거리를 가는 것(put oneself into another's shoes)과 같은 것이다. 그래서 공감은 동정심[2]과는 다르다.

공감이란 내담자의 입장에 서서 그 마음을 함께해 주고, 함께했던 마음을 내담자에게 표현하며, 내담자의 마음을 편안하게 해 주는 것이다. 공감은 치료 시 내담자 자신의 입장에서 치료자로부터 이해받고 있고 수용되고 있다는 것을 느끼게 해 준다. 무릇 공감한다는 것은 마치 횃불을 들고 어두운 방 안에 들어가면 그 어두움이 곧 사라지고 밝음이 존재하는 것과 같다. 따라서 치료자가 공감을 훈련해서 내담자 입장에서의 내면을 이해하면 내담자의 어둠과 고통은 사라지고 항상 밝음만이 있을 것이다.

따라서 공감은 많은 학습과 직접적이거나 간접적인 많은 경험을

〈치료자를 위한 치료관계 형성 방법〉

다양한 감정(슬픔, 절망, 분노, 기쁨 등) **명료화**

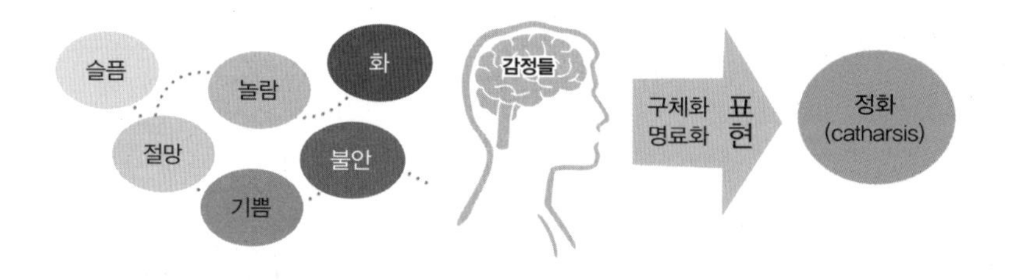

2 동정심은 나를 유지하면서 상대의 안 좋은 처지에 대해 '안됐다'고 생각하는 것이다. 동정심이라는 것은 상대방의 감정에 빠져서 헤어나오지 못하는 것이다. 그렇게 되면 상대방을 도울 수 없고 자신도 상처를 받는다.

통해 체득하는 것이다. 그래서 공감이란 내담자가 되지 않고도 마치 그 내담자의 처지가 된 듯이 내담자가 느끼는 것을 똑같이 함께 느낄 수 있는 상태를 말한다. 내담자의 입장이 되어 내담자의 생각이나 감정을 내 것처럼 느끼고 이해하는 것이다. 이런 분위기에서 내담자는 자신의 마음속에 있는 모든 것을 이야기할 수 있겠다는 마음이 생긴다. 공감하는 마음은 내담자의 기분이나 아픔, 슬픔을 함께해 주는 마음이다. 그래서 비판하고 강요하는 마음에서는 공감이 일어나지 않는다.[3]

실제로 공감을 해 보려고 하면 결코 쉽지 않다. 내담자의 마음은 치료자의 마음이 아니기 때문에 알 수 없다. 다만 치료자가 내담자의 그 마음을 알려고 노력할 뿐이다. 나름대로 성질이 급하고 화를 버럭 잘 내는 성격을 바꾸려면 공감하는 능력을 먼저 길러야 한다.

공감을 하기 위해서는 내담자가 하는 말을 귀 기울여 들어야 한다. 우리의 표정이나 말, 행동은 마음에서 나온 것이다. 말이나 표정, 행동을 따라가면 마음에 도달하게 된다. 그래서 사람의 말이나 표정, 행동은 그 사람의 마음을 아는 데 중요한 자료가 된다. 그래서

---

3 부부간의 싸움이나 아이에게 화내는 일, 잘못에 대해 못마땅해하는 일 등 사람이 화내는 일의 대부분은 강요하는 마음에서 생겨난다. 내 마음대로만 하려 하고 말을 안 들으며 성질 내고 지시하고 명령하는 태도가 다 강요하는 마음이다. 생각이 다르거나 이견(異見)을 제시했을 때 못마땅해하고 자기 생각대로만 하려 하는 것도 강요하는 자세다. 들쥐는 들쥐만의 세계에서 열심히 살아갈 것이고, 비록 그가 이생에서 약간의 잘못을 저질렀다 해도 그것을 하나의 배움의 과정으로 여길 것이다. 나뭇가지에서 노려보는 찌르레기는 찌르레기만의 세계에서 열심히 살아갈 것이고, 설령 그가 다른 나무에 앉은 찌르레기에게 약간의 미안한 행동을 했다 해도 그것 역시 배움의 과정에 포함될 것이다. 들쥐는 찌르레기에게 들쥐의 믿음을 강요하지 않고, 찌르레기는 들쥐에게 찌르레기의 믿음을 강요하지 않는다. 이게 세상 이치다. 각자의 삶은 각자의 것이고, 누구도 타인의 길을 지시하거나 명령할 수 없다. 우리 역시 그 누구에게도 자신의 믿음을 선전하고 강요하는 것을 금기해야 할 것이다.

분석과 치료는 그 사람이 말하는 언어와 행동을 통해 일어나는 작용인 것이다.

치료자의 공감적 이해는 어두움을 밝히는 등불이고, 모든 병든 내담자의 좋은 약이다. 그래서 앞서 말했듯이, 공감이 치료자의 치료 능력인 것이다. 훌륭한 치료자는 먼저 내담자의 마음을 헤아리고 나서 자신의 해석적 내용들을 함께 풀어 간다. 공감은 하나의 훈련이다. 그러므로 심리치료자가 공감 능력을 훈련하는 것은 당연하다. 모든 훈련이 그렇듯이, 많은 시행착오와 시간이 걸릴 뿐이다. 그것은 인간의 마음이 너무나 다양하기 때문이다. 또 타고난 천성이 다르고 살아온 환경이 너무나 다르기 때문에 많은 자아가 형성되는 것이다.

똑같은 환경에서도 서로 다른 사고를 하는가 하면, 전혀 다른 환경에서 자라났지만 비슷한 사고를 하기도 한다. 이는 자아를 얼마나 성숙시키느냐 못 시키느냐에 달려 있다. 따라서 수만 가지 마음을 공감하는 훈련을 하기 위해서는 많은 시간과 노력과 경험이 필요하다.[4] 공감은 인간의 마음을 이해하는 지름길이다. "몸은 깨달음의 나무, 마음은 거울이기 때문에 언제나 부지런히 보살피고 닦아야 한다."(『천수경』). 이처럼 치료자는 늘 공감을 훈련하고 닦아야 한다. 마땅히 배워서 스스로 마음을 지키고 닦아 공감을 구하라.

---

4 공감은 추측이나 판단에 비해서 많은 시간이 걸리지만 그보다 훨씬 정확하다. 추측이나 판단은 모래성에 불과하지만 공감을 통한 '사람에 대한 이해'는 견고한 성이 된다.

2. 왜 공감이 중요한가

서로의 감정을 함께 공감한다는 것은

서로의 마음을 열고 함께

손잡고 갈 수 있는 것이다.

치료자는 공감을 통해서 내담자에게 통찰의 기회를 제공할 수 있다. 공감이란 치료자가 내담자의 감정과 경험을 정확하고 민감하게 이해하는 것을 말한다. 대부분의 내담자는 자신의 생각이나 느낌을 분명하게 알지 못하는데, 치료자가 이를 공감해 줌으로써 자신의 생각과 느낌에 좀 더 명확하고 구체적으로 접근할 수 있게 된다. 자신의 생각과 느낌을 명확하게 알게 되면 내담자는 자신의 억압된 욕구를 자각할 수 있게 되고, 억눌렸던 과거의 경험 등을 떠올릴 수 있게 된다. 상담실을 찾은 내담자의 예를 들어 보자.

사례: 초기 분석으로부터의 공감

내담자(고등학교 1학년 여학생)가 치료자에게 찾아와서 주저하며 고개를 푹 숙인 채 "부모님이 이혼을 하게 되었어요."라고 말했다. 치료자는 내담자의 말과 몸짓, 표정을 통해 내담자가 세상에 홀로 서야 하는 두려움, 자신에겐 자신을 지켜줄 사람이 없다는 공허감, 그리고 자신을 지킬 수 있을까 하는 강박적 불안감, 외로움, 거부당함, 버림받음, 우울 등을 호소하고 있음을 알 수 있었다.

치료자는 "이번 일은 너에게 매우 충격이 크겠구나. 부모님이 너를 돌보지 않은 채 떠나 버릴 것 같아 불안한가 보구나. 그래, 넌 너의 의지와는 상관없이 일어난 일에 대해 얼마나 놀랍고 두렵겠니? 참 많이 힘들고 무섭기도 하겠구나."라고 공감을 해 주고 분석을 시작하였다.

내담자는 치료자의 말을 듣고 자신이 부모의 이혼에 대해 얼마나 심각하게 느끼고 있었는지를 알게 되었다. 이는 치료자의 공감을 통해서 자신의 감정과 욕구에 대하여 더 깊게 통찰할 기회를 얻은 셈이다. 그래서 회기 종반에 가서 누군가에게 의존해야만 하는 자신의 성격에 대하여 이야기하기 시작하였다. 내담자는 부모의 이혼 사건에 대해 자신의 감정이나 생각을 피상적인 수준 이상으로 확장하지 못하였다. 이때 치료자가 마음 깊숙한 곳에 있는 감정이나 생각을 공감해 줌으로써 내담자는 자신에 대해 더 분명하게 알게 된 것이다.

'왜 공감이 필요한가?' 최고 수준의 이해는 공감적 이해다. 숙련된 치료자는 자신이 직접 경험하지 않고도 내담자의 생각이나 감정을 거의 같은 내용과 수준으로 이해할 수 있다. 이것이 공감적 이해다. 여기서 '공감적'이라는 것은 내담자가 말하거나 보여 줄 수 있는 것에서 그의 감정, 태도 및 신념 등(잘 관찰될 수 있는 것과 잘 관찰될 수 없는 것)에 대하여 정확하게 의미를 포착하는 것이다. 공감적 이해는 심리치료에서 그 효과가 크다. 그래서 공감적 이해는 논리와 언어를 넘어선 마음으로의 이해이며 마음으로부터의 감사다. 공감 능력은 지속적인 경험과 훈련을 통해서 무한히 개발된다.

예를 들어, 대학을 졸업한 딸이 취직에 실패한 경험을 가진 치료자는 같은 처지에 놓인 내담자의 고통을 쉽게 공감할 수 있을 것이다. 이때 공감이 일어나고, 다정한 마음이 생기고, 자연스럽게 위로의 말이 나오게 된다. 직장에 다니던 한 내담자가 "내게 너무 모질게 대하는 직장 상사와 잘 지내려고 무척 노력했지만 잘되지 않았어요."라고 하였다. 이럴 때 치료자는 내담자의 입장이 아닌 치료자 자신의 시각에서 "앞으로 더 많이 노력해야 되겠군요."라고 반응할 수도 있다. 이런 형식적인 공감은 내담자에게 아무런 도움이 못된다. 반면에 "상사와 잘 지내려고 했던 노력이 성공적이지 못해서 크게 낙심하였군요."라고 공감적으로 반응할 수 있을 것이다.

이러한 공감적 반응은 내담자를 위해서 생각하는 것보다는 내담자와 함께하려고 시도하는 것이다. 입사한 지 얼마 되지 않는 또 다른 내담자는 "부장이 해외 출장 중 내가 업무를 제대로 처리하지 못할까 봐 너무 걱정하는 게 기분이 나빠요."라고 하였다. 이때는 "부장이 해외 출장 중에 혹시라도 당신이 일을 잘못 처리할까 봐 믿어주지 않아서 좌절감을 느끼시는군요."라고 반응할 수 있을 것이다.

그러나 공감에서 중요한 것은 치료자와 내담자가 서로 다른 독립된 개체로서 존재하며 각자 주체성을 유지하는 것이다. 마음은 나누되 독립성은 잃지 않는 것이 건전한 공감이다. 독립성을 잃게 되면 내담자의 감정에 전이되어 역전이가 일어날 수 있다.

3. 공감과 애착

함께 공감할 수 없는 마음에

사랑이 아닌 대체물을 통해

감정을 나누며 집착하게 된다.

공감은 애착[5]과 밀접한 연관이 있다. 공감은 애착의 결과이기도 하고, 애착 형성의 전제이기도 하다. 애착의 대표적 예는 아이와 어머니 사이에서 볼 수 있다. 아이와 어머니는 서로 사랑의 관계를 집요하게 유지하려고 애쓴다. 특히 포유류나 조류는 태어나면서 어미에 대한 애착을 본능적으로 가지며 동시에 낯모르는 대상에 대해서는 두려움을 갖게 된다.

인간의 경우 생후 6개월 정도면 특정 인물에 대해 애착을 가지며 또 알지 못하는 것에 대해 막연한 두려움을 갖는다. 이때를 무난하게 넘겨야 정상적인 성격을 형성할 수 있으며, 그렇지 않으면 나중에 정서적 장애를 유발할 수도 있다.

다친 아이를 품에 안은 채 애절한 고통에 눈물 짓는 부모의 마음에는 애착된 아이에 대한 무한한 애정이 깔려 있다. 애착하므로 아이의 고통에 마음 아파하고, 또한 아이의 기쁨에 희열을 느끼는 것이다. 이는 애착 형성으로 타인에 대한 공감 없이는 불가능하다. 또한 공감은 애착 형성을 촉진하기도 한다. 타인이 무엇을 느끼는지를 알고 그것을 이해하며 서로의 감정을 공유하는 것은 결코 끊어지지 않을 서로 간의 유대, 즉 애착을 낳는 전제이기도 하다.

타인에 대한 공감, 특히 고통받는 사람들에 대한 공감은 이타 행동[6]을 촉발하기도 한다. 불우한 이웃을 도와주는 언행에는 높은 수

---

5 영국의 아동정신분석학자 볼비(John M. Bowlby)가 정의한 용어다. 인간을 비롯한 모든 동물이 자신이 아닌 다른 인간이나 동물을 가까이 하고 이를 유지하려고 하는 행동으로, 특히 사랑하는 대상과 관계를 유지하려는 행동을 뜻하는 정신분석학적 용어다.

6 다른 사람이 곤경에 처했을 때, 자신의 이익을 희생하여 다른 개체를 돕는 행동(정신적 도움, 경제적 원조 등)을 말한다.

준의 윤리의식만 있는 것이 아니다. 거기에는 그들의 불행한 삶에 대한 공감이 내재되어 있다. 공감이 있기 때문에 사람들의 마음이 움직이는 것이며, 그 결과로 고통받는 사람들에 대한 이타 행동이 나오는 것이다.

반면, 행동생태학에서의 이타적 행동은 자신이 남길 수 있는 자손의 수가 감소되는데도 다른 개체의 생존을 도와주고 그들의 자손이 늘어나게 하는 행동으로 사용되고 있다. 예를 들면, 꿀벌 사회에서 원래 암컷인 일벌이 자신은 산란하지 않고 여왕벌이 산란한 알에서 부화된 유충의 양육을 돕고 또 자신을 희생하면서까지 여왕벌과 그 유충들을 방위하는 행동은 전형적인 이타적 행동이다. 또 초식 포유류, 조류 등의 집단에서 망을 보는 개체가 큰 소리로 포식자(천적)의 접근을 알리는 경계 발성의 행동은 자신이 낸 소리 때문에 자신이 잡아 먹힐 수도 있다는 것을 꺼리지 않는 이타적 행동이라 할 수 있다. 그러나 도망치려는 자신의 행동이 결과적으로 포식자의 접근을 알리는 신호가 되어 다른 개체들의 도피를 도와주게 된 것 등의 희생성이 불확실한 행동은 이타적 행동에 포함되지 않는다.

타인이 상처를 입었을 때, 혼란에 빠져 있을 때, 곤경에 처하고 불안해하며 소외되어 있을 때, 겁에 질렸을 때, 자기 가치를 의심할 때, 정체감이 불확실할 때에 필요한 것은 바로 공감이다. 공감적 이해는 이런 사람들에게 희망과 치유를 제공하기 때문이다. 그들에게 깊은 공감이라는 것은 한 개인이 다른 사람에게 줄 수 있는 가장 고귀한 선물이다.

따라서 공감은 동떨어진 개인과 개인을 연결시키는 소통의 가교다. 이러한 가교가 형성되지 못하거나 손상될 때 인간관계는 소외되거나 단절과 같은 부정적인 심리적 결과들을 경험한다. 인간과 인간의 소통의 가교로서의 공감이 있기에 타인과 애착하고 사랑하고 협력하고 공존할 수 있는 것이다.

또한 공감은 신체적 생존의 기초이기도 하다. 우리는 위험에 처한 사람을 구하고 자신을 희생했다는 뉴스를 보게 된다. 이는 반드시 도덕심 때문만이 아니라 위험에 빠진 타인의 고통과 공포를 공감할 수 있기에 그들을 위해 기꺼이 위험을 무릅쓰는 것이다.

4. 경험하는 자아와 관찰하는 자아

세상의 모든 것을

자신의 경험과 이해에 수준을 맞추어 보고,

해석해 버리는 습관이 있다.

그것이 얼마나 큰 불편과 불행을 초래하는지를 잘 알아야 한다.

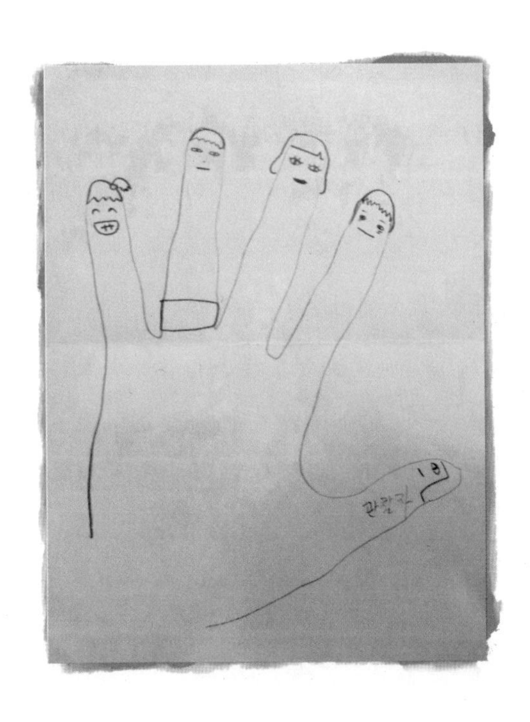

심리치료사는 공감을 통해 내담자를 이해한다. 치료자는 내담자에게 항상 질문을 한다. 질문을 통해 내담자가 자신에게 있었던 일을 있는 그대로 말할 수 있게 한다. 시간이 지날수록 내담자에 대한 이해가 쌓인다. 또 내담자도 치료자가 하는 질문에 자신의 이야기를 하면서 자기가 경험하면서도 깨닫지 못한 것에 대해 가끔 "왜 이걸 몰랐지요." "아, 이렇게도 생각해 볼 수 있네요."와 같이 말한다.

심리치료에서 치료자가 하는 질문은 내담자로 하여금 내면 자아의 소리를 듣게 하는 요소가 된다. 내담자는 자신이 중요한 경험을 해 놓고도 그 의미를 모르는 경우가 많다. 그때 치료자가 질문을 통해서 내담자에게 그것을 보게 한다. 그리고 내담자는 치료자의 질문에 대답하면서 자신을 보며 자아의 아픈 이야기를 듣게 된다. 이는 곧 자신을 보는 훈련을 하는 것이다. 자신을 보는 훈련이 잘되면, 타인이 나를 객관적으로 보듯이, 내가 나를 객관적으로 보게 된다.

정신분석 이론에 따르면, 자아에는 경험하는 자아와 관찰하는 자아가 있다. 밥을 먹는 것은 경험하는 자아다. 밥을 먹으면서 먹는 방법을 익히는 것은 관찰하는 자아가 작동하는 것이다. 관찰하는 자아가 작동하면 행위를 하면서 잘못된 것을 수정하는 것이 가능하다. 예를 들면, 말을 할 때 관찰하는 자아가 작용하면 말을 잘 못할 때 고치는 것이 가능하다. 이런 측면에서 보면, 심리치료는 관찰하는 자아를 발달시키는 과정이다. 명상을 해도 관찰하는 자아가 발달한다.

심리치료에서 공감을 중요시하는 이유는 공감이 정신적인 문제 그리고 심리장애의 발생과 치료에 중요한 역할을 하기 때문이다. 예를 들면, 부모나 돌보는 이가 아이에게 공감을 하지 못할 때 내면 아이 문제가 생기고, 이는 치료자가 내담자에게 공감함으로써 치료가 된다.

내담자는 치료자로부터 이해받고 있다고 느낄 때 자신의 속마음을 털어놓는다. 치료자가 내담자 자신의 마음을 '있는 그대로 안다.'고 느낄 때, 내담자는 자신이 이해받는다는 느낌을 갖게 된다. 내담자의 마음을 '있는 그대로 보는 길'이 바로 공감이다. 치료자는 추측이나 판단을 하지 않고 공감을 통해서 내담자의 마음을 있는 그대로 본다. 내담자가 치료자를 믿고 속마음을 털어놓는 것 자체가 바로 치료과정이다. 내담자가 괴로운 일이 있는데도 아무에게도 말 못하고 속으로 끙끙 앓다 보면 가슴이 답답해지고 소화도 안 되고 온몸이 아프다.

만약 내담자가 다른 일에 열중함으로써 원치 않는 생각을 억누르고, 또 부정적이고 불쾌한 감정을 계속 막아 두기만 한다면 심리적인 해를 끼치는 악순환만 되풀이될 것이다. 이러한 악순환이 반복되면 마음의 병, 우울증이나 심리장애를 일으키게 될 것이다. 따라서 차단되었던 막을 걷어 내고 소외, 상실, 두려움, 고통 및 슬픔이 밖으로 표출될 수 있도록 해야 한다. 그런데 이것은 마음의 준비가 되었을 때만 가능하다. 마음의 준비가 되었으면 심리치료를 시작하는 것이 좋다. 그렇지 않으면 고통에 휩쓸릴 수 있다.

고통에 쌓인 내담자는 치료를 받으러 와서 자신의 고민을 진솔하게 탁 털어놓고 치료자의 공감을 받게 되면 답답하던 가슴도 풀리고 속도 뚫리고 몸이 가뿐해지는 것을 느낄 수 있다. 더 나아가 이해와 용서, 깨달음과 기쁨의 건강한 씨앗이 싹틀 수 있다. 또 분노와 고

〈공감과 전이를 통한 내면치료 연수 중에서〉

독, 외로움과 두려움 등의 억압되었던 감정의 뿌리를 뽑아 내어 치료를 가능하게 하는 것이다.

심리치료가 기여한 것 중에 가장 중요한 것은 '공감의 중요성'을 밝힌 것이다. 그런데 공감은 심리치료에서만 중요한 것이 아니다. 그것은 모든 인간관계에서도 매우 중요하다. 우리의 행복과 불행, 성공과 실패는 인간관계에 달렸다고 해도 과언이 아니다. 그렇게 중요한 인간관계의 열쇠가 되는 것이 바로 공감이다.

예를 들면, 공감 능력이 좋은 아이들은 친구들 사이에서 언제나 인기가 많다. 또 교사에게도 호감도 받으며 학업 성적도 뛰어나다. 공감은 인간관계의 근본이다. 상대방의 마음이 어떠한지 잘 모르면 그 사람과 잘 소통할 수 없고, 진정한 인간관계를 잘 맺을 수 없기 때문이다. 공감은 힘든 세상을 살아가는 데 마치 좋은 친구와 같은 것이다.

5. 내담자의 반응과 전이

전이와 저항을 다루는 탐색 작업이라 하면 정신분석이 아니겠는가?

치료자!

그들은 내담자에게 비추어 주는 거울처럼, 그리고

내담자의 내면이 투사될 수 있도록 하얀 스크린처럼 펼쳐 주어야 한다.

치료 시간에 자주 경험하듯이, 치료자와 내담자 사이에는 일상적인 만남에서 일어나는 인간관계와는 다른 특수한 관계가 형성된다. 이것을 상담에서는 라포(rapport) 형성이라 한다. 치료자와 내담자가 함께 치료 작업을 해 나가다 보면 서로에 대해 다채로운 감정을 갖게 된다. 그중 내담자가 자신이 가지고 있는 어떤 대상에 대한 감정 등이 적절한 대상으로 전환되어 비춰 보이는 감정이다. 이것이 내담자가 치료자에 대해서 경험하게 되는 전이 현상이다. 그 감정은 스쳐 지나가는 이미지이거나 어떤 종류의 환상 등 매우 다양하다. 즉, 전이는 인간의 마음 치료에서 개인이 가지고 있는 무의식의 세계에 존재하고 있는 갈등의 요소를 의식의 세계로 끌어올려 치료자뿐 아니라 내담자도 그 갈등의 문제를 알고 치료자와 함께 노력하여 그 갈등을 소거시키고자 노력하게 된다. 자신이 과거에 중요하게 생각했던 사람이나 어떤 것에서 느꼈던 감정이 다른 사람, 즉 치료자나 상담자에게로 옮겨지는 것을 전이라고 한다. 그 반대의 감정, 즉 전이가 일어나는 내담자에 대한 치료자나 상담자의 무의식적 감정 반응을 역전이라고 한다. 역전이는 치료자가 내담자(환자)에게 반응을 보이는 것이다. 내담자(환자)에게 치료자가 역전이를 일으킨다는 것은 내담자가 치료를 받으러 왔는데 그 내담자에게 공격을 가하게 되는 경우를 말한다.

역전이가 일어나면 치료자는 슈퍼비전(supervision)을 통해 감정의 근원을 찾아 이해하고 조절해야 한다. 정신분석은 전이와 역전이의 관계를 통해 내담자가 생애 초기에 부모와 맺었던 관계를 되살리고 반복되는 과정의 심리치료를 하게 된다.

일반적으로 전이는 정신분석학에서 사용하는 용어다. 전이는 내담자가 부모뿐만 아니라 할아버지나 할머니, 형제자매, 돌보는 이 등과 같이 어린 시절에 중요한 영향을 미쳤던 사람(때로는 어린 시절의 아주 가까운 친구들이나 사랑한 사람, 자신이 가장 중요하게 여긴 어떤 것)에게 가졌던 생각과 감정, 태도 및 행동을 치료자에게 옮기는 것을 말한다.

내담자가 경험하는 전이의 감정은 다양하다. 치료자를 훌륭하고 유능한 사람이라고 여기는 것에서부터 사랑이나 분노, 불안과 두려움, 시기심이나 폄하하는 마음에 이르기까지 다양하게 나타난다. 이처럼 다양한 종류의 전이에는 중요한 비밀이 담겨져 있다. 그렇다면 정신분석적 심리치료 과정에서 공감적인 치료자가 되기 위해서 저항은 반드시 존중되어야 하고 수용되어야 할 과정이다. 전이는 곧 내담자의 내면에 억압되어 있는 유년기의 감정을 드러내는 과정이

〈전이와 저항 처리〉

1. 강한 전이 현상

내담자가 치료자에게 느끼는 강한 감정 → 내담자의 무의식에 있는 전이 대상 탐색 → 억압된 감정 찾아주기 → 본인의 의식과 만나 전이 처리하기

2. 저항

내담자의 저항은 치료관계의 안전을 확인하기 위한 단계 → 비밀 유지 및 수용과 공감을 통해 내담자 존중

다. 내담자는 치료 현장에서 치료자를 상대로 전이의 감정들을 경험하고 표출함으로써 오래된 억압을 해소시키는 효과를 얻을 수 있다. 이때 치료자는 틀림없이 내담자의 억압 대상 이미지를 대신하는 인물이 된다. 그런 현상을 '투사적 동일시'라고 한다.

예를 들면, 자기 아버지를 무서워하듯이 남자 교사를 무서워하는 어린아이가 있다. 그런가 하면 어떤 남자는 언제나 같은 유형의 여자들에게 매력을 느낀다. 어떤 남자는 신체적으로 자신의 어머니와 외모(예: 뒷모습)가 닮았다거나 혹은 성격적으로 자신의 어머니를 많이 닮았다는 것만으로도 충분히 매력을 느끼게 된다. 또는 정반대로 어머니가 금발에 통통한 유형이라면 갈색에 마른 유형의 여성에게는 매력을 느끼게 된다. 이런 경우는 긍정적이든 부정적이든 언제나 어머니가 모델이 된다는 점에서 공통점이 있다.

육체적 고통은 자신의 오래된 상처의 흔적과 충족되지 않은 욕구를 말해 주는 것이다. 반면, 그것은 지금부터 자기 자신에게 사랑스러운 사람이 될 수 있는 방법도 함께 보여 준다. 상담실에서 치료를 받은 김 차장(여성, 48세)의 사례를 보면, 비록 그녀는 시간이 걸렸지만 점점 좋아지기 시작했다. 이제 그녀는 자기 자신에게 무엇이 우선인지, 스트레스의 주범이 어디에 있는지를 알아차리고 자신이 해야 할 생각과 행동을 조율함으로써 평안을 찾게 되었다.

사례: 권위적인 사람에 대한 반감

대학을 졸업하고 현재는 ○○은행에서 22년째 근무 중인 내담자(김 차장, 여)가 자신의 혼란스러운 정체성 회복을 위해 자기 분석을 신청한 이유는 다음과 같다. "저는 다른 사람들에 비하여 자의식과 정의감이 매우 강해요. 그래서 직장에서 비양심적인 행동을 하는 사람, 이기적인 사람, 권위적인 사람, 게으른 사람을 보면 몹시 화가 나요. 그중에서도 유난히 권위적이고 이기적인 남자 상사들과의 인간관계는 아주 나쁜 편이죠. 특히 지금 근무하는 직장의 지점장(남자)은 너무 이기적이고 권위적인 사람이에요. 그렇다 보니 지점장과 마찰이 자주 생기며, 어떨 때는 지점장에게 보복을 하고 싶은 욕동이 꿈틀거려요. 게다가 이런 부정적인 지점장에게 비위만 맞추는 직원들의 비굴한 행동이 자꾸 미워져요."

그녀는 자신의 정체성 회복과 자기 개발을 위해 심리치료를 원했다.

내담자의 초기 분석 결과, 내담자의 이런 감정들은 어릴 때 부모와의 관계에서 비롯된 것이었다. 이른바 어린 시절 아버지의 강요와 억압으로 생긴 상처가 내담자에게 지금까지 남아 있는 흔적인 것 같다.

내담자가 권위적인 남자들에게 반감을 갖게 된 가장 큰 원인은

과거 아버지의 강요와 억압에 대한 부정적인 감정 때문이었다. 이 내담자는 자신을 스스로 지키지 못하고, 이유도 모르고 공격을 당하며 울고 있던 과거의 엄마 모습이 지금의 지점장에게 비위만 맞추는 직원들에게 투사된 것이다. 그래서 지점장과 같은 남자 직원과의 인간관계가 원만하지 못하고 마음에 분노를 일으키게 한 것이었다. 그런데 문제는 다른 사람들은 내담자의 이상성격(異常性格) 때문에 지점장과 자꾸 마찰이 일어나는 것이라고 생각하는 것이었다.

심리치료를 하다 보면 이와 같은 내담자의 심리 작용을 자주 경험한다. 이 내담자의 경우 어린 시절 자신의 아버지에 대해 느꼈던 부정적인 감정이 지금의 지점장에게 투사된 것이다. 문제는 이러한 감정을 어릴 때에는 두렵고 힘이 없어서 아버지에게 제대로 한 번 표출하지 못했던 것이다. 그래서 부모가 싸울 때마다 늘 두려움과 불안감 때문에 숨죽이며 자신의 감정을 억압하거나 회피했던 것이다. 성인이 된 지금은 어릴 때 아버지에 대한 부정적인 감정을 억압한 채 겉으로는 아버지와 평온한 관계를 유지하고 있을 뿐이다. 그러나 과거 어릴 때 자신의 아버지와 유사한 모습만 연상되면 자신도 모르게 화가 나고 예민해진다.

지점장과의 좋은 인간관계를 형성하려면 그런 감정들을 억지로 참거나 회피할 필요는 없다. 그런 감정을 체험하면 시간이 지날 때마다 조금씩 약화되는 것을 인식할 수 있다. 내면에 억압된 아버지에 대한 부정적인 감정이 조금씩 소거되기 시작하면, 지점장은 물론 남자 상사를 대하는 감정이 자신도 모르게 많이 좋아지는 것을 느끼게 될 것이다.

6. 세상을 향해 이유 없이 분노하고 증오하다

잠자듯 조용해 보이는 인간의 내면에는

이렇게 많은 얼굴들이 분노에 가득 차

서로를 괴롭히며 공격하고 있다.

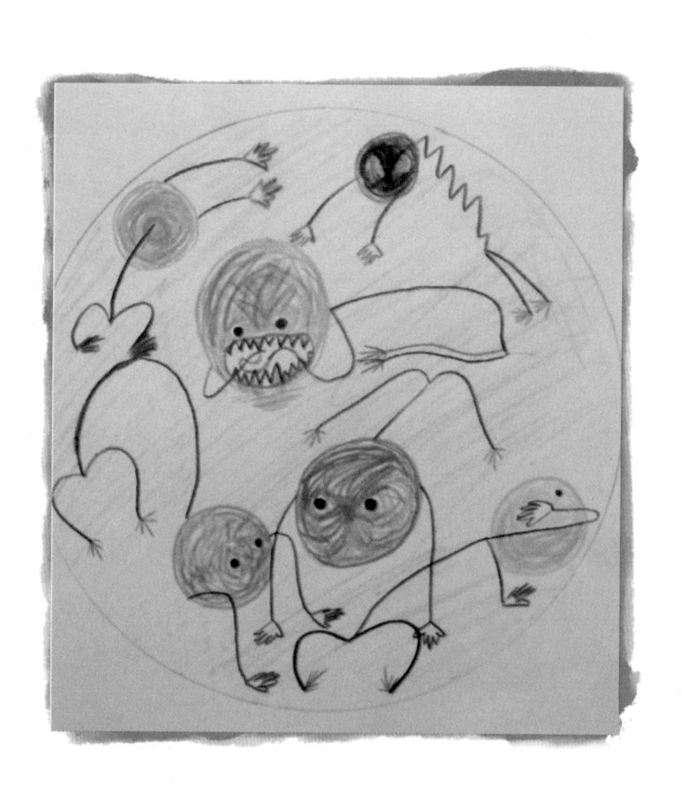

전이 감정이란 아동기에 가장 가까운 타인(부모, 조부모, 형제자매, 돌보는 이, 자신에게 가장 중요하게 작용된 어떤 것 등)과의 관계에서 가졌던 유아기의 감정과 욕구, 기대 등을 성인이 된 현재 상황에서 반복하는 것을 의미한다. 즉, 과거의 중요 인물에게서 충족하지 못했던 욕구나 과거 생활에서 두려웠거나 불만을 야기했던 갈등 또는 대인관계를 지금 현재의 상황에서 달성하고자 똑같은 반응 양식을 반복하는 것을 뜻한다.

전이 감정의 기본 역동들은 어린 시절 가장 가까운 타인과의 상호작용을 통해서 형성된다. 예를 들면, 아동기에 부모가 싸우는 것을 목격한 내담자가 성인이 되어 폭력적인 남자에 대해서 지나치게 민감하게 느끼고 피해망상적인 반응을 하는 것 등이 있다. 전이 감정은 우리가 일상에서 많이 갖게 되는 경험이다. 이러한 감정이 지나치게 왜곡될 경우 사회 적응에 문제가 되고 신경증을 유발하는 원인이 되기도 한다.

자신에 대한 이해가 깊어질수록 부모에 대한 연민이 믿음과 분노 감정으로 바뀌는 경우도 있지만, 대체로 부모에 대한 연민을 해결하지 못하고 자기 연민과 아픔 등 불행한 삶을 자기 아이에게 대물림하게 되는 경우도 많다.

전이는 무의식적으로 일어난다. 무의식적으로 일어난다는 것은 자신이 모른다는 것이다. 전이가 일어났을 때 치료자는 내담자를 치료하려고 최선을 다하는데, 내담자는 치료자가 자신을 하찮게 여기고 무시한다고 생각한다.

물론 경계선 성격을 지닌 내담자의 경우에는 치료자가 자신의 행동에 대해서 의식적인 치료적 이유를 알려 줄 필요가 있다. 그렇게 행동하는 이유를 설명하면 강렬하게 반발하던 내담자도 부분적으로는 수용하게 된다. 이러한 방법은 내담자가 수치심을 느끼지 않고 오히려 혼란스러운 감정이 나타나는 것을 기쁘게 여기도록 전이를 가르친다. 이것이 치유과정이다.

L.J.H(22세)

이 글은 내가 태어나서 스무살이 될 때까지의 경험과 지식을 토대로 제작되었으며, 현재 아이들의 상태도 아니며 미래의 아이들의 상태도 아닌 내가 살아온 1992~2010년의 아이들의 성장 배경을 간단히 기록한다. 요즘 젊은이들은 버릇이 없다느니 생각이 없다는 소리가 종종 들린다. 그들은 왜 그렇게 소란스러우며 우리를 자극시키는 걸까? 여기서 한 가지 주목해야 할 것은 '아이는 99% 엄마의 노력으로 완성된다.'는 주장을 말하려고 한다.

그렇다. 여기서 한 가지 말할 수 있는 점은 '부모님이 아이 교육을 잘못시켰다.'는 결론이다. 그렇다면 부모님들의 교육 방법과 아이들을 대하는 방법과 태도가 도대체 무엇이 잘못되었느냐를 인간의 심리를 이용해 비판해 본다.

우리는 흔히 아동기(7~12세)에 사회성이 발달(자아정체감 형성)한다고 알고 있다. 또한 유아기(3~6세)에는 놀이를 통하여 사회성이 발달하는 것으로 알고 있다.

물론 좋은 부모님들도 있었겠지만 극소수에 불과할 뿐, 우리는 결과적으로 좋은 부모님들의 도움을 받지 못했다. 나는 부모님과 따뜻한 대화를 나눠 본 기억이 별로 없다. 왜? 부모님이 대화하는 방법을 잘 몰랐기 때문이다. 그때에는 나도 어렸기 때문에 무엇이 좋은 대화인지 당연히 몰랐다. 곧 이 문제는 각 개인의 문제가 아닌 가정의 문제로, 또한 사회 전체의 문제로 확산되었다. 한 사람 한 사람이 대화하는 방법과 타인의 기분을 배려해 주는 방법을 모르는데 심지어 간단한 위로도 못하는데……. 감정이입을 하는 방법조차 모르는데 어떻게 사회가 따뜻해질 수 있을까?

난 부모님들의 잘못을 질책하지는 않겠다. 난 그냥 그들의 무지를 지적하고 비판하겠다. 아이를 키우는 데 있어 무지한 게 제일 독이 된다는 말이 있다. 맞는 말이다. 왜 그런지 이해력을 높이기 위해 예를 하나 들겠다.

놀이를 통해 사회성이 발달하는 시기인 3~6세 아이들은 자신의 생각을 변론할 적절한 단어들과 표현 방법을 알지 못한다. 그러므로 아이들은 자신의 생각을 잘 표현하지 못한다. 그래서 짜증을 잘 내는 시기다. 하지만 부모님들은 이것들을 알지 못하고 '이상하게 왜 우리 아이만 이럴까? 남들은 안 그러는데 왜 우리 아이만 유독…….'이라는 생각을 가지게 된다.

만약 좋은 부모님이라면 부모님들의 세심한 배려와 따뜻한 충고로 자연스럽게 대화를 통해 아이는 사회성을 터득하게 된다.

이 예처럼 우리는 부적절한 대화 방식으로 항상 부모님들한테 불만이 있어 왔고, 자식들은 부모님을 이해하지 못했고, 부모님들 또한 자식을 이해하지 못했다.

어쩌다가 대화를 하다 보면 어색하고 신경질 날 때가 많았으며 그로 인해 사소한 대화조차 힘들어했고, 우린 결국 그렇게 마음의 벽을 굳게 닫으면서 커 왔다. 그리고 사람들을 대할 때 존댓말을 쓰고 깍듯이 대하는 것들이 어색한 일이 되어 버렸고, 오히려 그 사람을 조롱하는 문화로 번졌다는 건 어쩌면 당연한 것일지도 모른다.

우리가 이러한 가정에서 불만을 꼭꼭 숨긴 채 어떻게 진심으로 부모님을 존경하면서 커 갈 수 있을까? 그들은 '아이들을 낳고 가만히 있으면 알아서 자라 주겠지.'라고 생각하며 방관과 질타만을 앞세웠다. 그러면서 아이를 가지고 나서도 아이에 관련한 서적이나 지식 등을 전혀 찾아볼 생각을 하지 않았고, 우린 사회성이 결여된 채로 그렇게 커 왔다.

이런 현실에 대해 누가 해결책을 내놓을 것인가? 이런 현실을 알긴 하더라도 고칠 방법은 있는가? 그리고 요즘 사람들이 대화 기술이 부족한 이유도 이것으로 설명 가능하다. 난 『어린이를 위한 리더십 대화법』이란 책의 주장을 그대로 인용해 보고자 한다. 우린 부모를 통해 자연스러운 대화를 배우지 못했다고 앞에서 밝힌 바 있다.

그런 대화 방법으로 인해 우리는 항상 어느 모임을 나가 봐도 대화의 주도권을 쟁취하려는 싸움을 한다. 그들은 중간에 말허리를 끊고 이의를 제기하며, 대화에 참여하지 못하는 사람을 배척해 둔 채 자기들끼리만 아는 주제로 시시콜콜 떠들고 논다. 여기서 무엇이 느껴지는가? 정말로 이 사람들이 즐거운 대화를 하고 있는 것 같은가? 정말로 정서적인 교감이 이루어지고 있는 것 같은가? 전혀 아니다. 그냥 언제 자신을 비춰 주는 스포트라이트(관심)가 사라져 버릴까? 혹은 누가 내 얘기에 대한 불만을 품고 이의를 제기할까?

이런 암묵적인 생각에 아이의 인상은 굳어지며 머릿속에는 온통 화밖에 없다. 그리고 말하는 사람은 이야기를 독점해 버리기 때문에 듣는 사람은 오직 듣기만 하고, 말하는 사람은 오직 말하기만 하는 악순환이 반복된다. 그 예를 들자면 이러하다.

1. 상대방의 관심 분야에 대해 싫다, 관심 없다 등 배려 없이 말한다.
2. 상대의 생각에 이의가 있으면 즉각 비판하고 경쟁하려 한다.
3. 조리 있게 말하지 못한다(생각 없이 말한다, 횡설수설한다).
4. 적절한 맞장구를 치지 못한다.
5. 말허리를 끊는다.
6. 말하는 순서를 모르고 적절한 내용을 배치하지 못한다.
7. 한 주제로 끝까지 대화하지 못한다.
8. 대화에 참여하지 못하는 사람을 그대로 내버려 둔다.

더 세분화된 내용은 내가 위에서 언급한 책을 읽어 보길 바란다.

그리고 난 부모님들의 무지를 더 비판해 보겠다. 그들은 내가 잘못한 일이 있으면 나를 질책하고 내 행동보단 내 자아를 꾸짖었다.

아이는 분명 어려서부터 자신감이 부족할 수도 있고 여러 사람과 경쟁하다 보니 뒤처질 수도 있다.

나는 그것을 감싸 주고 좋은 쪽으로 유도하려는 부모님의 노력을 볼 수 없었다. 항상 "너는 왜 그러니?" "다른 애는 안 그러는데 너만 답답하게……."라는 비난과 지적만 돌아왔다. 그리고 항상 내가 화나서 "선생님이 잘못했다. 친구가 잘못했다."라고 이야기를 하면 항상 부모님은 "네가 잘못해서 그렇지."라며 내가 열이 받아 있는 대상을 오히려 감싸 주었고, "탓할 필요 없어. 다 너의 잘못이니까."라며 비난하거나 무시해 왔다.

분명 잘못은 서로에게 있다. 그에 주어진 책임도, 찾을 권리도 있다. 하지만 난 항상 그런 부모님의 태도에 상처만 받아 왔고, 내 마음을 한 번도 이해해 줬다거나 배려해 줬다는 느낌을 받아 보질 못했다. 그리고 부모님의 모임에만 따라 나가면 그들은 항상 나를 영웅 취급했다. 그들은 나를 보고 "말도 잘 듣고 똑똑하며 활기찬 애……."라고 하셨다.

항상 집에선 '안 될 놈'이라는 질책만 하면서 모임에 나가선 자신의 만족과 위안, 자랑을 하려고 장만해 둔 기계로 전락시켰다. 즉, 나는 부모님의 기대에만 부흥하는 그런 기계 같은 존재였던 것 이다. 나는 부모님으로부터 어떠한 노력과 사랑, 관심, 배려를 받아 보지 못했다고 생각한다.

그런데 부모님은 항상 나에게 사랑을 주었다고 하고 먹여 살렸다고 한다. 다만 사랑이 과분할 뿐이라며 변론한다. 내가 당신들한테 바라는 건 아무것도 모르는 아이에게 무조건 질책하면서 먹여 주는 것은 아니다. 또 되지도 않는 기대를 하면서 그 기대에 실망해선 우릴 쓸모없는 놈으로 취급하는 것도 아니다.

- 내게 삶이 무엇인지 가르쳐 줄 사람은 없나요?
- 지식을 주는 사람은 많지만 지식을 지혜롭게 쓸 수 있도록 알게 해 주는 사람은 없나요?
- 사고와 느낌의 차이
- 가슴이 하는 일을 머리가 다 알까요?
- 왜 내가 원하지 않아도 받아야만 하나요?
- 어른과 아이는 뭐가 다른가요?
- 나는 안 되는데 어른들은 되는 이유가 뭘까요?
- 주는 것보다 받는 것이 익숙하면…….
- 거울과 유리의 차이
- 나는 왜 나를 볼 수 없을까?
- 사랑은 왜 아파야만 하나
- 세상은 내 맘 먹기 나름이다.
- 주고도 불행한 사람
- 짐을 덜어도 더 무거워지는 수레

- 얼굴은 웃고 가슴은 우는 아이
- 어린아이 어른
- 웃지 못하는 미소
- 가슴이 달아난 인간
- 도망가는 인생
- 내 인생에서 도망간 나
- 줄 서지 않으면 밥 안 준데(강요)
- 내 생명을 가지고 장난치는 사람들
- 팔다리를 자른 부모
- 썩은 계란의 병아리(생명×)
- 담뱃대 문 부모의 금연(병아리처럼 원하지만 속은 썩어)
- 외출하는 엄마와 집 지키는 아이
- 권리 잃은 눈물
- 족쇄 채우는 과외
- 목소리 없는 노래
- 끝없는 터널
- 빛 사라진 태양
- 어른아이의 비애
- 기다리지 않는 시간
- 돌아갈 수 없는 과거 상처를 어쩌라고!
- 난 아이! 너무 큰 걸 원하지 마세요.
- 불 꺼진 아궁이
- 눈뜨고도 보지 못한 어리석음

- 놓쳐 버린 세월
- 꿈 같은 나의 13년 인생
- 되돌아갈 수 없는 내 집
- 사랑해서 밉데요.
- 어른들은 뭐 그래!

찾아보기

김순향(Kim Soon-Hyang)

창원심리치료연구소

경주심리상담연구소

조한석(Cho Han-Seok)

창신대학교 교수

창신대학교 평생교육원 원장

주요 저서

프로이트의 정신분석-무의식과 리비도-(김순향, 조한석, 경주심리상담연구소, 2009)

심리상담 및 MBTI를 통한 전공선택에 관한 연구(조한석, 김순향, 한국세무회계학회, 2009)

나는 가슴이 있어! 못질하지 마세요(김순향, 조한석, 신성출판사, 2010)

심리치료의 실제(김순향, 조한석, 창원심리치료연구소, 2013)

삽화: 류나경(Ryu Na-Kyeong)

일러스트레이터

눈물하나
상담적 심리치료이야기

2014년 4월 25일 1판 1쇄 인쇄
2014년 4월 30일 1판 1쇄 발행

지은이 • 김순향 · 조한석
펴낸이 • 김진환
펴낸곳 • (주) 학지사 · INNER BOOKS 이너북스
121-838 서울시 마포구 양화로 15길 20 마인드월드빌딩 5층
대표전화 • 02)330-5114 팩스 • 02)324-2345
등록번호 • 제313-2006-000265호

홈페이지 • http://www.hakjisa.co.kr
커뮤니티 • http://cafe.naver.com/hakjisa

ISBN 978-89-92654-48-7 03180

정가 14,000원

이 도서의 국립중앙도서관 출판시도서목록(CIP)은 서지정보유통지원시스템 홈페이지(http://seoji.nl.go.kr)와 국가자료공동목록시스템(http://www.nl.go.kr/kolisnet)에서 이용하실 수 있습니다.
(CIP 제어번호: 2014008844)